読みなおす日本史

料理の起源

中尾佐助

吉川弘文館

まえがき

私はかつて、農耕文化基本複合という概念を提出し、それを基礎として、世界各地の農耕文化を類別し、その起源をさぐった（中尾佐助『栽培植物と農耕の起源』岩波新書一九六六）。その時農耕文化基本複合として、〝種《たね》から胃袋まで〟の過程を考えた。それは作物のその種類の存在、最初の種まきから、中耕、除草、調整、加工、料理までを含む一系列の過程をワンセットして見ようとするものである。これらに個々に適用される技術などを、この複合の要素とする見方である。

この基本複合の中には、このように論理的には、収穫した以後の加工、料理の過程が当然含まれているのに、私は前著において、この部分に言及することはすくなかった。何故なら、加工、料理の問題をいちいちの場合にとりあげると、あまりに煩雑になるし、かつ、その当時私はまだ加工料理に関する部分のデータが手もとに取りそろっていなかったからである。しかしこの加工料理の問題は基本複合の一部として、きわめて重要であることは、その時からよく判っており、他日を期したのである。その責をはたさんとしたのが、今日この書を書いたゆえんである。

ところが加工、料理の問題は、いわば学問的に研究されることの非常に乏しい分野である。全世界の家庭で毎日必ず行なっている食糧の加工、料理ということに、今までの学者は理解しがたいほど冷淡であった。それで、そのような学術書は全く無いといってもよいほど乏しいものと言えよう。けれども生活中心に、生活を研究する立場にたつかぎり、食糧の加工、料理の問題は、衣と住とともに、最も基本的であることは疑う余地もないであろう。こんな学問的状態のところへ、この本は切りこんでみようとする試みである。そしてその時の方法論は、この場合前記したように、農耕文化基本複合の一部としての加工、料理という取りあつかいである。だからこの本は実用料理の手びき本ではない。

世界各地の各民族の加工、料理をみるにあたっては、私はできる限り、各地の異った文化を等距離からながめるよう努力した。それは、日本文化も中国文化も、朝鮮もチベットもインドも、アフリカのネグロの文化も西欧の文化も、同じ縮尺をあてて検討しようという態度につとめた。これはある意味で学問の世界では普通でない行為である。西欧文化と日本文化だけを近くにおいて、他の民族の文化を遠くにおいて比較するというのが、多くの学者がしらずしらずとる態度であるようだ。私はこのような態度に不満を感じる者で、反発的な意味もあろうが、等距離観察を念願したのである。

このような私の方法論から、でてきた結果は、かなり従来の概念から異ったものになったと言ってよいだろう。食糧の加工、料理の世界は、世界のいろいろな地域に思いがけないような事実があり、日本と西欧といった式の概念ではとても整理しきれないものが明らかにある。食糧の加工、料理は生活次元の問題である。この生活次元を基本においてながめると、そこに浮びあがる世界像、世界観は、今までの権力や高級文化を基本としてながめた世界像、世界観と相当ちがったものになってくる。歴史観だって同じように、大きく変ったものが、うかびあがってくるのだ。例えば、チベット文化を世界文化の番外地のように考えていた人がいたら、そうではないということが、食糧の加工、料理の世界ではうかびあがってくるのである。

この本では、問題を旧世界、アフリカにほとんど限定してしまった。新大陸や南太平洋の島の問題はオミットしたのである。それは何といっても、過去の複雑怪奇な因縁を持つ旧大陸、アフリカが問題として破格な面白さがあるからであり、また重要でもあるからだ。しかし、旧大陸、アフリカでの食糧の加工、料理については、まだまだデータが非常に不足している。そのため、私はさっといろいろな誤りをおかしていることだろう。この本は改訂版を出さなければならないだろう。しかし、研究が完成する日を待っていたら、それはいつになるか判らない。一くぎりの所で本を書いたのである。それ故、今後とも、皆さんにいろいろ御教示を賜わりたいと、私は強く切望している。

この本を書くにあたって、いろいろの人から援助協力を受けた。インタービューに応じて資料を提供して下さった方々、写真の提供をいただいた方々、そのほか多くの方々から御教示をいただいた。これらの方々に深く感謝の意を表したい。またＮＨＫブックスの入部皓次郎氏には、一方ならず御世話になった。厚く感謝する次第である。

昭和四七年一一月

中　尾　佐　助

目次

1　米の料理 …… 九

飯盒飯の炊き方　日本の古代には湯取り法はなかった　日本古代の米の炊き方　おこわを常食にするラオス　ジャワ島の笊取り飯　前期炊干し法の世界　華北の蒸し飯　湯取り法の世界　竹飯（カオ・ラム）のこと　シトギというもの　セイロン、ビルマのシトギ　外国のモチ　パーボイル加工とヤキゴメ　パーチト・パディとパーチト・ライス　プラオ　大胆な仮説

2　麦の料理 …… 三九

パリーのパン屋　パン種の登場　華北のマントウ　ウドンのこと　インド、パキスタンのチャパティ　中国のピン（餅）類　ナンというもの　タンナワー　アラブパン　西欧のパン　バルガーというもの　麦の粥食　炒り麦の加工　中国の炒り加工　インドの炒り麦製品　チベットの炒り麦　近東、北アフリカ、西欧の炒り麦　麦料理法の発展段階

3　雑穀の料理 …… 七五

アフリカの雑穀料理　エチオピアのインジェラ　インドの雑穀料理とトーモロコシ　中国の雑穀料理

4　穀物料理の一般法則……………………………八六
材料発散過程と収斂過程の法則　複合伝播とエレメント伝播の法則　平行進化の法則

5　豆の料理……………………………一〇一
マメは煮えにくい　ダルとファラフェル　ジャワ人はスリーTで生きている　ナットウの大三角形と味噌　乳腐と豆腐

6　肉と魚の料理……………………………一一三
偏見の世界　食肉の変遷と発達　肉の貯蔵　魚肉の貯蔵　スシの問題

7　乳の加工……………………………一三一
赤ちゃんは牛乳を飲むが　乳糖分解酵素の問題　遺伝か獲得性か　乳利用圏　乳加工は系列である　怪しげな系列　酸乳系列群　アフリカのネグロとブシュマンの乳加工　インドの酸乳系列群加工　インド近隣国の乳加工系列　北方遊牧民とモンゴル族の乳加工　凝固剤

使用系列群　乳加工系列の複合文化要素　インド古代の乳製品の検討　酥と酪　乳加工のとりまとめ

8　果物と蔬菜……一七八

中国文化の評価　温帯性果樹の二大中心地　中国のリンゴと桜桃
乾燥果物の二大中心地　ナットでは東西に大差がある　野菜と蔬菜
ハーブとサラダ　中国の蔬菜　野菜、蔬菜の貯蔵

『料理の起源』を読む　平木康平……二〇七

1　米の料理

飯盒飯の炊き方　昭和一八年の秋、私は満州国軍の東部小興安嶺の調査隊にもぐりこんで随行していた。待遇は将校あつかいだった。もっとも、この部隊の将校はみんな日本人で、兵隊は満州国人、すなわち中国（チュンクオまたはツンゴー）人であり、その中でも山東省系の人達が多かった。最後の農耕地帯を離れ、ツングースの狩人と打皮子（タピーズ）と呼ばれる漢人の狩人だけがまばらに住んでいる森林地帯を約二ヵ月旅行した。その時には、私は将校待遇だったので、自分で飯を炊くことはやらず、漢人の兵隊が毎日それをやってくれた。主食は、米が用意されていた。こうして私は二ヵ月間毎日飯盒飯を食べて過ごした。その飯がひどくパラパラだった。飯盒はおよそ経験のない誰でも、ちゃんとした飯が炊けるように出来ている。中子で米の量を測り、目盛りまで水を入れて火にかける。吹きはじめたら、棒で蓋をたたいて重くにぶい音になったら、火から離して、さかさにしておいて蒸らせばよい。熱いうちに底についた煤を草の葉でぬぐいとっておくと、後でほかのものに煤がつかない。ざっとこれだけ心得ておけば、飯盒飯の炊き方は及第である。

ところが漢人の兵隊は教育されても、こういう風には飯を炊かなかった。初めに水をうんとたくさん入れておき、火の上でふきはじめると、しばらくして飯盒を火から取り出し、蓋をあけ、おねばの水を捨てて、再び弱火の上で蒸すという炊き方をやっていた。日本人の教育に断固として抵抗して、彼等の日常の方法で、飯盒飯を炊いたのである。その結果、私達は粘りのすくないポソポソの飯を食べねばならなかったのだった。

このような飯の炊き方は湯取り法(1)という方法であって、日本の農村にも存在していた。その方法は米の煮汁を絞り流して炊く方法である。米の煮汁を絞り取るには煮えたった飯釜の中に小型の細長い竹籠を入れて糊をしみ出させてくみ出す方法もある。そのさい毎度出る飯の糊は子供に与えるのはよい方で、馬に与えたり、洗濯の糊付けに用いる風が今日まで東北地方に残っていたという。そして最も滋養分の多い部分を捨てる不合理を、嫁が非難し、姑が古いしきたりを固守するという光景も往々見られたものであった。瀬川清子氏によると、この日本の湯取り法は、以前に米の増量用の麦を加えて麦飯を炊くとき、水を余分に入れなければ煮えないので、その煮汁を捨てた惰性であろうとも推論している。

この湯取り法は日本以外の国で、実は驚くばかりに広範に普及している方法である。例えば、昭和四〇年の日本山岳会のエベレスト登山隊は、美事その登頂をなしとげているが、その時の隊員の話(2)によると、隊員の食べた飯はシェルパの炊いた湯取り飯であった。炊事係りのシェルパは大量の飯を炊く時は、大鍋に多量の水で米を煮た。米が軟らかになる頃、円錘型の竹ザルをつっこみ、その中にたまった汁を柄杓で取り出し、水がたまらなくなったら、一度全部をかきまわし、蓋をしてゆる火で蒸して飯に仕上げた。エベレスト登山隊はベースキャンプで、こんな飯を食っていたのだ。

日本の古代には湯取り法はなかった　日本の古代の米の食べ方、調理法にはたくさんの文献的研究があって、かなり明らかになっている。米の炊き方について、江戸時代になると、その火の加減まで記した書物が多くあらわれている。飯の炊き方としては、(3)湯立て、炊干し、三度飯、蒸し飯などがあった。湯立て法は湯をわかしてから米を入れて炊くものであり、炊干しとは現在の日本で普通に行なわれている炊き方である。この中には湯取り法が見られない。ところが別の書物によると、(4)次のような方法がある。

〝朝炊くなら白米を前夜より水に浸しておく。炊くとき釜の水を多くし、わいたらば米を入れる。半ば以上熱したとき竹籠にあげ、水をしきりにかけて、粘りのなくなる程洗い、蒸し籠でよく蒸す。また鍋に入れ、下に炭火を置いて蒸す。〟この方法は米の炊き方としては湯立て法であり、湯取り法でもあると言えよう。こんな方法もあったのである。

日本で湯立て法が現在まで残ってきたのには、米の炊き方でなく、ヒエの炊き方である。越前白峰村は焼畑農業を今にまで伝えた村であるが、そこでは焼畑で栽培したヒエを湯立て法で炊いていた。(5)そのヒエメシの炊き方は〝鍋に湯をわかし、煮えたったところにヒエの実を入れ、ゴロギャという細い板でよくかきまわし、そのあと蒸して飯にする。昔このヒエメシばかり食べていた焼畑地帯の農民が、たまたま平野の村にやってきて、米の飯を振舞われても「蛆の煮たものを食べるようでうまくない」といったという話も伝わっている。

これは雑穀のヒエの炊き方の話である。雑穀の料理法としては、アフリカでもインドでも中国でも、湯立て法の、いろいろのかたさの粥にするのが基本的であるので、日本の場合、白峰村のヒエ飯が湯立て法であるのは何の不思議もない話である。これを要するに、日本の徳川時代に米の炊き方として紹介された湯立て法は、実は雑穀料理法の米への応用例であったと見做してよいだろう。また日本の東北に残った湯取り法も、瀬川清子氏の言うように、麦や雑穀、かてもの（野生、栽培の蔬菜類など）を米と混ぜるという雑穀的な飯にその起源が認められることともよく一致する。すなわちそこにあった米の湯取り法は、米の料理法としては、本来的なものでないことになる。日本では湯取り法は、鎌倉時代、平安時代、奈良時代へとさかのぼって追求してみても、それらしい記事が出てこない。これらの時代には、米の炊き方は、今とかなりちがっていたことが文献的にうかびあがってくる。

日本古代の米の炊き方　日本の歴史をたどってみると、日本人の米の炊き方は、かなり大きく変遷したことがわかる。その中で大きくめだつことは、蒸した強飯（コワイイ）が一時期上流階級の食物となり、炊いてつくった飯は庶民のものであったことである。鎌倉時代、室町時代と、だんだん炊いた飯が普及し、江戸時代とそれ以降は、飯といえば普通炊いたものとなり、蒸した飯は〝おこわ〟として、晴れの儀式用にだけ残されてきた。

奈良朝のころ、正倉院文書に粥と饘（カタガユ）の字があり、後者は甑（コシキ）で蒸したもので強飯と呼ばれたとあるが、(6) 何だかすこし変で、解釈に混同が入っているのだろう。ところが、平安朝になると、文献も豊富になって、明快になってくる。

平安朝になると、強飯はおこわと敬称されるようになった。これは粳米（ウルチマイ）を蒸すこともあったが、糯米（モチマイ）を用いるのが普通であったと考えられる。貴族の毎日の定まった食事には、強飯が正規のものであった。宮中でも民間でも強飯を正規のものとし、天皇の供御（クゴ）や節会（セチエ）などの宴に出すようになった。これは箸を立てることができた。改たまった時には強飯は、民間でも器に高く盛りあげるならわしとなった。

また固粥（カタガユ）は姫飯（ヒメイイ）とも呼ばれ、後世の飯である。固粥よりも水の量が多くやわらかいものが粥（シルガユ）と呼ばれ、これが後世の粥である。平安朝の末期になると、正規の食事でも固粥（飯）を用いはじめている。

鎌倉時代には、強飯と姫飯がともども行なわれたが、末期になると、禅宗の僧侶が粗食として食べた姫飯と粥が、禅宗の普及とともにさらに一般化したという。室町時代にもこの二つの方法が都附近で平行的にあったと記録されるが、その後江戸時代には、現在とほとんど同様な、姫飯系の飯が標準となり、強飯系のおこわは、儀式用として残るだけになってしまった。

この歴史を見ると、今日の普通の飯は粥から出発して出来たものとなる。そしてその炊き方は炊干し法によっている。このような歴史的背景をもった飯を、ここで私は「前期炊干し法」の飯と名づけたい。それはアジアの他の諸地域を見ると、歴史的背景の異った炊干し法があって、それを区別するため、この方を「後期炊干し法」と名づけたいからである。

渡辺実氏の考証によると、日本で稲作文化のはじまった弥生時代は、玄米を粥にしたものと想像されている。弥生時代の出土品に小鉢、碗、杯があり、登呂から木匙が出土している。これらは粥食に適合した道具と想像されている。弥生では強飯が一般化せず、古墳時代になってから普及したとされている。甑の出土は弥生末期からであるが、古墳時代になって一般化したことからそれが推定できる。こうして、日本では飯の形をとった米の料理品は、まず甑で蒸した強飯が最初であり、それに続いて、弥生以来引きつづいていた粥の中から、カタガユとして炊干しの飯が出現し、姫飯の名を得て、それが時代を歴るにつれてだんだん標準化して、現在の飯になったという歴史を持っていることになる。

おこわを常食にするラオス　日本の平安朝のころ、強飯がはっきりと正規なものとなったことは世界の米食の歴史、あるいは現在の米食の多様性の中で、唯一つの例外を除いてきわめて珍しい現象である。その例外とは、東南アジアのラオスを中心とした地域のモチゴメ栽培地帯の蒸し飯常食の習慣である。渡辺忠世氏(7)の研究によると、モチ米の栽培はタイ北部で九一パーセント、タイ東北部で六八パーセントの栽培面積比があり、その北方のラオスでは同様以上にモチ米栽培比率は高いと考えられる。さらにビルマの東北部やシャン州でも多量のモチ米を栽培していることが知られている。このモチ米はその地域で常食として用いられ、その炊き方はほとんどがコシキ使用による蒸し飯である。モチ米を蒸した飯は言うまでもなく、日本の〝おこわ〟と同一であり、平安期の強飯とも同一物となる。日本の平安朝の強飯はモチ米が本体であったであろうということは、前にも述べたとおりである。

こうして見ると、ラオス、タイ北部のモチ米のおこわと、日本の平安朝の強飯とは、総ての点において、全く同一物であることがわかる。

渡辺忠世氏はさらにタイの古代建築のレンガの中に混じった籾殻を調査し、そのイネの品種群の時代的変遷を明らかにしている。その結果、タイ中央平原のような、現在ウルチ稲のインディカ型稲の大生産地帯でも、古代から現在へと稲の品種群が次のように変化したとしている。

モチ陸稲→モチ水稲→ウルチ水稲

タイ北部と東北部では、

モチ陸稲──→モチ水稲

こうして、タイは古代では先ずモチ陸稲の栽培圏であった。その頃は、多分現在と同じように、そのモチ米はコシキで蒸して食べていたことが当然想像される。ラオスやビルマ東北部は山国で、焼畑陸稲栽培の多い地帯であるが、そこで主作されるのがモチ陸稲である。モチ米のおこわは、このように過去においてより広い地帯で行なわれ、現在はその面積が縮小し山間部に古い形が残ったことになる。その古い形の中心は、焼畑で栽培する陸稲のモチを使うという点であろう。日本の平安朝の強飯は水稲のモチ、ラオス、タイのおこわは陸稲のモチから、水稲のモチへと主要部分が転換したものということになる。

ジャワ島の笊取り飯　典型的な蒸し飯は日本の平安朝とタイ、ラオスのおこわの場合以外は、私の今まで調べたかぎりでは知られていない。しかし湯取り法か蒸し飯法か、区別がはっきりしない方法として、笊《ざる》取り法がジャワ島からバリ島にわたる地域に見られる。

ジャワでは飯のつくり方が、二方法平行に行なわれている。その一つは日本の飯の炊き方と同じの炊干し法で、主に都市生活者の飯の炊き方である。もう一つは田舎で普通になっている笊取り法である。笊取り法は、(8)水洗した白米を、普通円錘形の竹笊に入れ、笊ごと深鍋の底に水を入れたのに重ねて入れる。笊のふちは鍋のふちの上に乗っかっている。その笊の上に竹製の蓋をして、鍋を火にかけて蒸す。蒸すと言っても、水が盛んに煮立っている時は泡が竹笊の中に入りこみ、純粋に蒸すのとはすこし様子がちがい、いわば煮ると蒸すの両方が関与した料理法である。この時に使用する鍋は、今はアルミニューム製が多いが、昔は広口の陶器が使われていた。

このジャワの笊取り法は、湯取り法の変型のようにも見られるが、私はむしろ蒸し飯法の系列に属するものと考えたい。それはコシキという蒸し飯作り専門の道具が発明される前の方法と考えてよいだろう。こうしてみると、蒸し飯法はようやく、世界に三ヵ所は存在したことになる。それは日本とラオス・タイおよびジャワである。

この三地点の蒸し飯法は偶然にそれぞれ異った地域で、異った時代に誕生したもので、相互に連絡のない現象であろうか。それともどこかに発生した蒸し飯法が、遠くまで伝播した習慣であるのだろうか。この点はどうも直接的な証拠のない問題である。しかし日本の平安朝の強飯とラオスのおこわとのあまりに美事な一致ぶり、またそれが米食としてモチ米を使うという非常な特殊件から見て、それは相互に連絡のある現象と考えたくなる。そして、ジャワの笊取り法は蒸し飯法の古型と考えればよいだろう。タイ平野は古代にモチ米栽培地帯、したがって蒸し飯法の地帯だったと推定されていることも勘定に入れて考えなければならない。そうすればジャワとラオスの間は、タイ平野を介して、いわば一続きの蒸し飯地帯だったという認識も成り立ってくる。

それにしても日本は遠過ぎる位置にある。そこで伝播論的に現象を統一的に説明しようとすれば、勢い中国南部の山間部に仮設的な蒸し飯法の発生の中心地を想定し、そこから東方へと伝播したものが、日本の平安朝（強飯の初めは弥生末期）の強飯となり、南方へと伝播したものは最南部は蒸し飯の古型を示すジャワの笊取り法となり、中心地に比較的近いタイ北部、ラオス、ビルマ東北部のモチゴメのおこわ地帯というものが成立したと説明できる。この仮設的な蒸し飯法の中心地は自然に照葉樹林地帯の中に位置することになり、すなわち蒸し飯は照葉樹林文化[9]であると言う事もできることになる。

ただこの考え方にたつと、中国南部の山間部に住むいろいろの諸民族の中に、蒸し飯法、あるいはその痕跡くらい存在していてもよいはずということになる。しかし中国南部の調査は、現在の世界で一番判っていない部分であって、今のところこの点に関しては何も言うことは出来ない。

前期炊干し法の世界　日本の今日の普通な飯の炊き方、つまり炊干し法は、私の区分によれば前期炊干し法と称するもので、元来は粥を作っていたのが、かための粥となり、飯へと変転してきたものである。このような歴史的背景をもった前期炊干し法をアジアの日本以外の地域にさがし求めてみよう。

ボルネオ島のケンヤ族、カヤン族では[10]陸稲を鍋で煮る炊干し法によっている。その古型は土壺で煮たものであると推定されている。この炊干し法は、彼等の農事への弁当用としてもっとも典型的で、その時はシャモジで飯を半ばつぶし、塊状にして木の葉でつつむ。日本のおにぎりのようなものである。この方法は、粥からの連続的変化であるから、これは前期炊干し法である。土壺を使う時はその破損が多く、土壺は半消耗品的に考えられている。

フィリッピンのミンドロ島のハヌヌー族も、米もトーモロコシも同様に鍋の中に入れて煮て食べる。[11]ボルネオ、セレベス、フィリッピンなどはこの前期炊干し法の地域となっている。

ジャワ島は農村部が主に笊取り法で、都市化とともに炊干し法が強くなるが、それが前期か後期か、疑問は大きい。多分ジャワの場合、炊干しはやはり粥から出たのではないかと想像され、そうすればそれは前期炊干し法である。

東南アジアの大陸部、インドなども特に都市化とともに炊干し法が増加しているが、それは湯取り法と重複分布し、当然湯取り法から発生した後期炊干し法の地域ということになる。

ここに大きく疑問が残るのは中国の揚子江附近から華南の飯の炊き方である。華北が湯取り法地帯であるのに対し、華中、華南は炊干し法地帯になっていて、台湾も炊干し法地帯になる。例えば雑居都市の上海では、炊干し法が八割を占めていた(12)。華中、華南の炊干し法と華北の湯取り法との境界線については明瞭を欠くが、戦争中の兵士だった人の体験談などからみると、華中の炊干し法は揚子江の北岸から、近い距離で消失するようである。それは揚子江と黄河の中間の線よりはるか南で、多分揚子江北岸から徒歩二―三日のところの線であろう。

華北が湯取り法であるのに、今のところ私の手もとに華中、華南の湯取り法の情報が入っていない。そうしてみると、華中、華南の炊干し法は、もしかすると前期のものかもしれないし、また単に情報不足の結果かもしれない。華中、華南の炊干し法が前期のものであるか、後期のものなのかは、後に残された問題として、このさい取りあつかっておくのが無難であろう。

以上を要約すると、前期炊干し法は日本、フィリッピン、ボルネオ、ジャワなどの島嶼に限って共通する分布型を持っている。そして華中、華南の炊干し法は疑問として残されている。

華北の蒸し飯　私は終戦後現地除隊して、数ヵ月の間華北の平野を、放浪していたことがあった。その時の食事は、民衆と同じで、雑穀や小麦粉製品ばかりだった。時たま米の飯にありつけるのは、駅前広場などの野天で蒸し飯を売っているところだけだった。大きな蒸籠を積み上げ、湯気をたてている。注文すると蒸籠の蓋をとって熱い飯を一杯だけ盛ってくれる。おかずはいつでも、一緒に売っていた羊の腸を小さく切って煮たてたスープに、コエンドロの薬味をきかせたものだった。華北では蒸し飯が普通に売り出されている。

中国で蒸し飯が見られることは大分以前から注意されている。ドイツ人のワグナー(13)は『中国農書』という大著を書いた有名な人だが、その中で「支那では米は必ず蒸される。鉄鍋の一部に水を充たし、その上に特別な棧を設け、それに米を入れた籠をのせる。さてその全体を被蓋で覆い、水が熱せられて沸騰するに到ると、上昇する蒸気によって半ば水に触れずに蒸されるのである」と書いている。この本の日本語訳者の注で、この説明は秈米(インディカ型の米)の場合のことであり、江南の粳米(ジャポニカ型の米)の地帯では、調理方法はわれわれが家庭で米を炊くやり方と同様であると述べている。

ところが私の体験や、ワグナーの記述、あるいはその訳者の注も、全部がまちがいなのである。何故ならば、蒸し飯の現場を見て、これを簡単に蒸し飯と考えたのは早計であったのだ。この蒸し飯は、蒸籠で蒸す前に、すでに熱湯の中でゆでてあったものであるからだ(14)。あとの工程だけを見て蒸し飯だと早のみこみしたのである。日本の徳川時代の料理書の飯の分類(15)から見ると、これは〝二度飯〟というカテゴリーに入ってくるものだということになる。

日本の徳川時代にも二度飯という炊き方は存在していたらしい。だいいち、徳川将軍家が大奥で毎日食べていたのが、この二度飯であった。その方法は「米を笊にとって、沸騰する湯の中に入れて煮あげ、更にそれを釜でしばらく蒸す(16)」と記述されている。私が華北を放浪中にありついた米の飯は、なんと徳川将軍家の日常の飯に似たものであったということになる。

華北のこの二度飯は何の系統だろうか。蒸す工程だけを重く見て、蒸し飯のカテゴリーに入れるべきか、あるいは前半の工程、すなわち多量の熱湯の中で米粒をうでることに重点をおいて見るべきか、意見の分れるところである。華北では一般に湯取り法が普及しているところから、この二度飯もやはり湯取り法の変形と見做すのが無難ではないだろうか。

飯の食味からみると、単純な蒸し飯が一番粘りが強く、炊干し法の飯が、それについで粘っている。湯取り法の飯はサラサラパラパラの飯となる。華北の米食味覚は湯取り法のサラサラパラパラが基本となっているので、二度飯の蒸籠は、うでたサラサラ飯の保温の役割りを果たすものと考えた方がよいだろう。

湯取り法の世界　中国の華北は湯取り法の地域であったが、それに近隣した朝鮮半島はと言えば、それも同様に湯取り法地帯である。朝鮮の都市では炊干し法もあるが、この両地区は共々強い湯取り法地帯で、日本と非常に異っている。

これ以外の大陸の各地を見ると、そのほとんどに湯取り法が見られる。ただし華中、華南だけは疑問地域であることは先に述べた通りである。

まずイネの発生地であるインドを見ると、そこには湯取り法が一番普及している。大学の私の研究室にいたアローラ君[17]の話によると、彼の家庭はもともと湯取り法で飯をつくっていた。湯取りの方法は、多量の水で米を煮て、それを篩《ふるい》の上にそそいで飯を水と分ける。その篩は竹製もあったが、最近はステンレススチール製のものが売り出され、それを使用していた。ところが彼の兄が結婚すると、兄嫁は生家の炊干し法を持ちこんできて、とうとう彼の家庭の飯の作り方は炊干し法に変ってしまったということだ。彼の話によると、北インドでは湯取り法が農村で普通に行なわれ、炊干し法は上流階級や都市で行なわれる習慣である。このインドの例は湯取り法地帯の典型であって、そこには同時に湯取りから変型した後期炊干し法が両立して存在するのが常になっていて、しかも炊干し法の方が上流社会的、都市的というのが通例である。

湯取り法、後期炊干し法が両立している地域には、セイロン[18]、ビルマ[19]、タイ[20]などがインドとともにでてくる。これらはいずれも非常に大きな米食国である。ほかにネパールやブータンも湯取り法が基本であり、ベトナム、スマトラなども湯取り法の国である。これらの国に後期炊干し法があるかどうかは目下のところ情報不足である。

以上を通観すると、アジア大陸の大部分は米を炊くとき、湯取り法を基本としていることになる。北方の華北と朝鮮は湯取り法専用の地域、南方のインド、セイロン、ビルマ、タイ、ベトナムなどの国々は湯取りと後期炊干し法両立地帯ということになる。

この湯取り法地帯とその東の周辺にある島嶼の前期炊干し法地帯とは、こうして顕著な対立分布を示していると言ってよいであろう。

竹飯（カオ・ラム）のこと　東南アジアを旅行した人のみやげ話に、ときどき竹筒で炊いた飯の話が語られる。この竹飯は東南アジアの特色で、竹の多いインドにも見られないものである。竹飯はタイ、ラオス、ビルマ、ジャワ、ボルネオ、スマトラの地方にのみ見られるが、多分ベトナム、カンボジアにもあるだろう。タイでは南部では竹飯をカオ・ラムと言い、北部ではカオ・ソイと通称しているという。[21] このタイ国の竹飯は各地の竹飯の中でも、その特色が一番はっきりしているので、これを典型としてとってみよう。

タイの竹飯はまず用いる米に特色がある。それは常に糯米（モチマイ）である。通常はこの糯米を水洗し、ココナットミルクを水の代りにして、米と一緒に竹筒の中に入れる。砂糖を加えることもある。竹筒はバナナの葉などで蓋をして、斜に立てかけ、その下で火をたいて、ゆるゆると煮あげる。米の煮方としてみると、炊干し法になっている。飯ができあがると黒くこげた竹筒の外部を小刀で剝ぎとっておく。この状態で売物にしたり、弁当として携行される。食べる時には残った薄い竹を剝《は》ぎとって、中味を出して食する。

ジャワ[22]では通常ココヤシ果液で煮るというし、ビルマでもココヤシの多い海岸部ではココヤシの果液や胚乳汁を用いるが、その他の地域では水で煮るという。[23] ビルマでは竹飯は北部よりむしろ南部に多い。

この竹飯は東南アジアの一部にのみ限られたものであり、その習慣も比較的新しく、現在の分布圏内で発生したものであろう。タイのカオ・ラムが糯米を使うことに特色がありこれは当然タイ北部、ラオスの糯米栽培地帯と関連づけて考えるべきだろう。タイ中南部も古くは糯米地帯と考えられており、それらを併せて、まずまずこの竹飯はタイで発生しそれが西へはビルマ、東へはボルネオ、南へはジャワまで伝播したと言えよう。

この竹飯はいずれの地域でも、日常食とは言いがたい程度に作られている。祭りの日、その他祝事などに用いられており、上等な弁当にもなっている。岩田慶治氏(24)によるとインドシナ半島北部の山岳民では、竹飯を煮る時にアズキを入れることがあるという。竹飯は青竹の香りが移り香して、非常に美味だと多くの日本人がいっている。それは東南アジア独得な飯である。

シトギというもの　日本には、古来シトギ(餈、粢)という不思議な米の粉食加工品があった。生米を水につけて搗《つ》いたものをまるめたシトギは年中行事の祭の日や家庭の祝などに用いられることは老人ならば、誰でも見知っているといってもよいほどひろく行なわれ、今日でも用いられている地方がすくなくない。神祭りに残っているのは生粢で、所によってはナマダンゴ、オカラコ、シロコモチなどとよんでいる(25)。

シトギは広く日本にあったものらしく、例えば本州の北端青森県の鱈《たら》漁は一一月頃はじまるが、その網下しの祝い酒が出たあとで、シトギの粉を水に溶かした濃汁を大きな茶碗や鉢に入れて、船頭のとなえるエーエノエーヨヤ　ホーホの掛声とともに船頭から順々に村のおもだち、若者をとわず、一同の顔にこの粉汁を塗りつける。青森県では盆の寺詣りにも米の粉の汁を墓石にかける風がある。

また南方では、奄美大島で、米を水にふかして臼《うす》で搗き、こねて固めて摘んで皿にもったものをシユクといって、祭りの日の酒のさかなにつくるという(25)。

日本のシトギはこうして、神祭りのおそなえ、初漁祝いの儀式、仏前のおそなえ、祭りの日のしきたりなど、専ら儀礼的用途としてみられることになる。シトギの本体は、生米を水にひたしてから粉にする。できたものは生シトギで、儀礼的にはこの状態で使用されている。シトギを蒸したり加熱すれば、それはダンゴか、餅になるわけである。日本の古代の餅はこのシトギ餅であったという(26)。現在の日本でも沖縄の餅は米を粉にして形をつけ、鍋で蒸してつくっている。シトギ——粉良——餅という関係は緊密なものと考えてよいだろう。そしてその用途は日本では主に儀礼的使用に関係づいている。

セイロン、ビルマのシトギ　米の粉食は菓子類では各地にしばしば見られるが、主食または準主食としての米の粉食は、今までほとんどの人にその例を知られずにいた。

しかしアジアの米食圏の中には、粉食がある。それはセイロンである。そこでは粉食が一般的にみて、準主食であるようだ。セイロンの米の粉食の加工は次のようにして行なう。〝精白米を前夜水に漬け、翌朝その米を取り出し、タテギネで搗いて粉末とする。その粉を薄く延ばして、チャパティやロティ（後述）のように焼いて食べる。外にウドン状、ゼリー状の加工品もつくる。(27) このセイロンのシトギ（現地名、ハールピッティ）はそのつくり方が日本のシトギとほとんど一致している。日本では儀礼用にのみその使用が残存したシトギが、セイロンでは日常食用となっているのである。

セイロンだけではない。ビルマにもシトギがある。ビルマでは粘質の米（主に糯米と推定される）を一晩水に漬けておき、翌日それを製粉する。製粉器は籾磨り用に似た大型の臼で、回転により米粒を破砕する。出てくるものは粉というより、軟らかいペースト状のものなので、それを布袋に入れその上に石をおいて脱水する。農村では一村に数台のこれ専用の臼があるという。できたかたまりにコナツミルクと砂糖を加え、ボール状にしてから油であげる。(23) ここでもやはりシトギ的な製法である。

ところが、なんとビルマとほとんど同様なものが台湾にもある。福建系の台湾人(28)の談話によると精白米を一晩水に漬け、翌日臼で回して破砕するのはビルマと全く同様である。原料にウルチ米を使った時は、製品のペーストに大根、サトイモの細切りを混ぜて成形して蒸すし、原料にモチ米を使った時はペーストを布袋に入れ、石をその上に置いて一晩脱水させ、砂糖を混ぜて甘くしてから蒸すという。これもまさにシトギの人間への食用化の例である。

ビルマと台湾の場合、その二つがあまりにもよく似ていること、台湾が華南地区からの文化の影響の大きいことなど、考え伴わすと、多分このシトギは華南地区の中国人の持った習慣であろう。それがビルマや台湾へと伝播したものと想像される。

インドでは今までのところ、私の捜索にもかかわらず、シトギらしき例が出てこない。東南アジアに関しても、目下のところ不明である。地理的分布では、シトギは日本、華南、ビルマ、セイロンに出現するものということになる。

外国のモチ　モチは日本人には親しいものだが、日本以外の国には現在の日本のモチと全く同一のものは見あたらない。〝餅〟という字は中国では意味がちがっていて、それは小麦粉加工品の通称である。例えば〝月餅〟（ユイピン）は皮が小麦粉の製品である。中国で日本のモチ状の製品にあたる字は〝餈〟であって、それは日本ではシトギの意味に用いられてきている。モチとシトギと関係深いことは前に述べた通りである。

日本の外で、餅に近いものを捜してみると、まずビルマのダマネがある。主に糯米を甑で蒸したものを、植物油を加えてねりあげる。このダマネはイネの収穫後、村人達が互いに贈答しあう習慣がある。[29]ヒマラヤ山中のブータンでも、米の粉を蒸したモチ状のものを植物油（エゴマの油）をつけて食べる習慣がある。[30]

タイ、ラオスの小数民族には糯米を臼の中に入れ、杵《きね》で搗いて粉にし、その粉にすこしずつ熱湯を加えて餅をつくる習慣が見られる。北部ラオスの村では、日々の精米用とは別に、この製粉用の小型の臼とたて杵が見られる。[31]また別の観察によると、北タイのタイ・ルー族は、糯米を蒸し、砂糖を入れて、カラ臼で搗き、それをちぎって、バナナの葉の上で竹棒でうすく伸ばし、天日で乾かす。製品は半透明で、日本のカキモチと同様、焼くと大きくふくれる。こんなものもあるのである。

これら一連のことを考えあわせると、日本の餅はシトギ起源とされ、さらにシトギを米の粉食の方法と見ると、これまでに述べたいろいろの外国の餅らしきものに共通性が浮かびあがってくるだろう。ビルマから日本にいたる地域で、それはまた、だいたいシトギのある地域、またはその隣接地に、餅らしき食品が登場してくるのである。はなはだおぼろげな推論ではあるが、つまり餅は、糯米のシトギ加工品である。それが出発点になって、加工法だけが変ったものが各地に発生したのであろう。

パーボイル加工とヤキゴメ　インドにおける米の利用状態を見ると、それ以外の土地と大分変った現象に気づいてくる。インド人の食べる白米の約半分量は、精白する前の籾の時にパーボイル加工を受けている。(33)この加工は料理というより、農産加工といった方がよいような過程である。パーボイル加工は、籾をまず水に漬け、吸水さした後に短時間蒸し、それを天日で乾燥させる。その籾を常法により精白する。パーボイル加工の効果は、虫害、変質などを低下させて、貯蔵能力を高めるほか、加熱により米粒の外層に多いビタミン類が内部に浸みこみ、精白後もよく残って栄養上良好な白米となる効果があるとされている。また籾のかたい品種では、精白が容易になるという。

パーボイル加工の後精白された米の外観は、その加工をしない米とほとんど変っていないので、インドの米屋の店頭では、見ただけでこの加工の有無の区別はむずかしいし、また炊く時の具合もとりたてて言うほどの差異もない。

この加工法の起源は、おそらく古代における稲作開始の頃、野生的な粒が成熟すると脱落性を示す品種を、未熟刈りした時、その水分を除く加工に起源したと考えられる。(34) このパーボイル加工の変形したものと見做されているチューラ加工となると、未熟刈りということが、もっとはっきりしてくる。

チューラ(35)は、まず籾を二―三日間水に漬けて粒を軟らかにし、数分間熱湯中で煮る。冷えた時に水を流し出し、それを広口の土鍋あるいは鉄鍋で炒って、モミガラが割れるまで加熱する。その後臼に入れて、杵で搗いて、扁平な粒にしてあげる。その後で風選をしてモミガラを除く。出来た製品は扁平で半透明になっている。これは澱粉が加熱後の形（α-型）になっているので、そのまま、あるいは水や湯、スープ類に加えて食用になる。インドでは朝食に用いられ、間食、旅行用携帯食にも便利である。チューラの用意があると、火をたかずに食事をすますことができる。

日本にもチューラと全く同一の製品がある。それはヤキゴメ（焼米、煸米）の名で知られ、平安朝の文献にその名がみえる。(36) ヤキゴメはホシイイ（糒、乾飯）とともに兵食用、旅行用、神事用などの用途に重用されたとしている。近世になると日本ではヤキゴメは廃たれてきて、今では四国、九州の一部にのみ伝えられ、細々と作られている。佐賀県神石郡などではヒライ米という古語でよんで完熟したものより青い水稲の方がよいと言っている。岡山県上刑部村、京都府竹野村などでは秋稲がみのると初穂をとって、ヤキゴメをつくり、それをホガケと言って神に供え、近所・親戚など招いて御馳走したり、相互に配りあう習慣があった。[37] この例でわかるように、日本のヤキゴメは明らかに青刈り、未熟刈りと結びついたものであった。

日本のヤキゴメとインドのチューラは全く同一のものだが、それ以外の土地では、なかなかその存在が判らない。タイには兵食用としてこれがあるらしいという情報[38]のほかには、今のところ判らない。ヤキゴメ―チューラは日本、インドとその存在が隔離していても、その要点があまりにも一致していることから、日本のものはインドからの伝播と考えてよいだろう。植物の種類分布の用語を借りると、後期隔離分布の形である。つまり古い時代に一度連続的に分布し、その後中間の地域で消失して、今では同じものが離れればなれに見られるという型であろうということである。これは非常に古いものに見られる分布型ということになっている。

パーチト・パディとパーチト・ライス　インドには特色のある米の食べ方がいろいろある。その中で、比較的にヤキゴメ―チューラに似ているのはパーチト・パディ[39]である。

それは、稲籾をまず天日で乾燥し、夕刻に土器の壺に入れ、上から熱湯をそそぎこむ。二―三分後にはその水を静かに流し出し、壺をさかさにして一晩放置する。翌朝この籾は天日の下で短時間乾燥し、次いでそれを手でこねるという面白いプロセスが入ってくる。それをこんどは焼き砂と混ぜて炒る。この時粒は膨大化、破裂をしてくる。炒ったのち篩で砂を分け、風選して籾殻を取り去ると出来あがりとなる。

このパーチト・パディのつくり方は次に述べるパーチト・ライスとのちがい、あるいは小麦を西アジアでバルガーと呼ぶ加工品にする方法と近似している点などから、忘れることのできない食品加工法である。

パーチト・ライス(40)は、広口の鍋か広口の土器に砂を盛り、それを熱く加熱する。その上に掌に三―四杯の白米を投入し、棒でいそいでかきまわして焼き砂と混ぜる。米粒が膨らみ破裂してくると、鍋の中のものは篩を通して炒った米と砂を分離する。これで出来あがりである。もしこのパーチト・ライスを粉末にすると、それはサツウと呼ばれるものになる。サツウは米だけでなく、他の穀類からもつくられ、特にオームギが主力である。

このパーチト・ライスのつくり方、その製粉したサツウは、実は後で述べるムギ類の食用化の調理法の基本形態である。砂を用いて炒り、それを粉にする。それは実は米の加工法と言うより、むしろ麦の加工法である。インドではムギの加工法を米に応用してパーチト・ライスが生れてきたことは明らかと言ってよいだろう。そしてパーチト・パディはパーチト・ライスとヤキゴメ―チューラ加工の中間形態としてとらえることができる。簡単に言えば、ここに米の調理法に西アジアのムギ作を主とした農耕文化の影響が見られるということになる。

プラオ　ここまで私は米の料理法として、インドから東の地域のいろいろな方法を述べてきた。これからインドから西の世界の米の食べ方を見てみよう。それは実質的な意味で回教文化圏の米の料理法ということになる。その代表がこのプラオである。

　プラオはパラオ、ピラフなどとも呼ばれ、日本の西洋料理書にも書いてあるが、いわば、油で炒った焼き飯である。ただしほんもののプラオはつくり方が日本の焼き飯とはすっかり異っている。

　インド西部からはじまり、西パキスタン、イラン、近東地域、エジプト、さらにイタリア、スペインの米の料理の基本はこのプラオである。その一番簡単な方法は、鍋の中にギー（バター・オイル）と玉葱《たまねぎ》のきざんだものを入れ、加熱して玉葱をいためる。次にその中に洗った白米を入れて一緒に油いためする。その後で水を加えて米を煮る。その煮方は炊干し法である。つまり米を油いためしてから水を加えて煮るというわけである。パキスタン以西は米の使用頻度は低くなり、コムギが増してくるが、米を食べる時はいつもこのプラオの形をとるのが常である。これは全く日本、中国、東南アジアに見られない習慣である。

　プラオの以上の料理法はその基本で、ごちそうの時には乾燥果物、骨つき羊肉などが入れられている。カレーが入ることもある。私が食べたものでは、サフランの雌蕊《めしべ》（乾燥販売されている着色香味料）で黄色に着色し、さらに砂糖で甘くしてあるものが多かった。これは大変なごちそうのつもりで彼等が気ばってつくったものである。これはもう全く単純な飯より、手のこんだ混ぜ飯である。したがっておかずといったものは必要でないことになる。

　このプラオ型の料理法は回教文化圏と密接に関連した分布をもち、南欧もその中に含まれており、回教徒による米食法と思えばよいだろう。ジャワは回教圏に入るが、ここでは典型的プラオでなく冷飯を油いためする料理[41]が出現してくる。ちょうど日本の焼き飯と同様な料理法である。インドから西の地域は米作が稀になる地帯であるが、その地帯の米の食べ方はこのプラオであると考えればよい。そしてその食べ方は回教文化の一要素として成立し、伝播したことになる。小麦食地帯では米はこんな形で消費されてきた。

大胆な仮説　今までいろいろな米の料理法とその分布を調べてきた。ここではそれを総括する試みをしてみよう。総括するのには、何かの体系が必要となる。私はここで極端な伝播論の立場に一度立ってみたい。伝播論というのは、例えばある米の炊き方が、異った地域に在る時は、互いに独立にその方法が発達したと考えず、それは総て同じオリジンの場所から伝播したと説明しようとする態度である。

伝播論的に米の料理法をながめると、大局的にはイネの起源地と考えられるインドが同時にその料理法の起源地であると、まずおいてみることができよう。

インドにおける古代の米は、発掘的証拠より、文献的に豊富に出現する。インドの最古の文学リグベーダ（紀元前二〇〇〇年）にはオームギは豊富に出典するが、米のことはない。リグベーダに続いて古いアタルバベーダ（紀元前八〇〇年以上）に初めて米が言及されてくる。

さらにそれにつづいた紀元前八〇〇――三〇〇年の頃になるとイネの名前は前代のブリヒ[42]につづい

て、サリー、ニバラなどといった品種群が登場してくる。これらの品種群は次のごとき特色を以て定義されている。(43)

ニ　バ　ラ——野生稲

ブ　リ　ヒ——秋に熟する稲

サ　リ　ー——冬に熟する稲

サスチカ(44)——六〇日で熟する稲

この記載を今日の農学的知識から整理することはかなり容易である。ニバラは野生稲または野生型形質を持った栽培稲と考えられ、穂の成熟期に粒が脱落しやすいものであっただろう。ブリヒは秋に熟しているということは、インドでは早生の稲ということになる。今日の農学で、ベンガル語をとって、アウス群と呼んでいる稲に相当することになる。サスチカは六十稲と、今日でも呼ばれているものにあたって、品種群的にはアウス群の一部分になる。サリーは冬に成熟するというのは、現代のインドの稲作の主要品種群にあたり、ベンガル語でアマン群と呼ばれるものに一致してくる。サリーという呼称は現在では、インドでもアッサム州で用いられる呼び方になっている。インドの古典では、サリーの出現はブリヒより後代になっていることは注目に値することである。

古代古典時代のインドの米の料理法をみると、ベーダ時代にオダナ(45)と呼ばれる水または牛乳で煮た米があり、パーチト・ライスあり、チューラに似た扁平加工品(46)があった。次いでベーダ時代に続く紀元前八〇〇――三〇〇年代には煮た米が食べられ、また湯取りしない飯にカルー[47]という名が登場するところを見ると、多分普通の飯は湯取り法によったのであろう。またその頃パーチト・ライス類[48]も非常に普及していた。次いで仏陀の時代になると粥がヤグー[49]の名で登場している。こうしてみると、プラオ以外の米の料理法は一応紀元前にインドでほとんど登場しているが、蒸し飯法とシーギの存在はインドではどうも古典時代から現代まで不確かである。[50]

ここで試みようとするのは、イネの呼び名と料理法とを関連づけて、それを伝播論的にまとめてみようとすることである。『イネ』という日本語はn―音語系の呼称とされる。この語系はインド以東に広く普及している。[51]このn―音語系はインドでは古代語としてニバラが代表的であり、それがインド古典では野生稲を意味した。このことから、多分最初のイネの伝播が、野生稲とほとんど同様な品種でインドから東の方へと伝播した段階が、まず最初にあったと推定することにしよう。インドより東の地域、東南アジアおよび中国南部はともども野生稲が見出される地帯であるので、そこではこの段階では各地の野生稲をそのまま利用したことであろう。中国では説文や齊民要術に秜（ニ、ネ）という脱粒性が高く、あるいは越年性を示すような野生に近い稲の説明があるが、これもn―音語系である。こうして日本の〝イネ〟は稲の伝播の最初の段階の呼称となる。このn―音語系の呼び名とともに、ヤキゴメ―チューラが野生脱落粒型に適応した料理法として結びつき、さらに粥があり、それから前期炊干し法が発生したと見做すと都合がよい。その場合の典型は日本である。

次の段階はブリヒの段階で、このブリヒの段階が、東南アジアの山地の照葉樹林帯で、シトギと蒸し飯法を生んだとしよう。日本の稲の呼び方の古語に『ウルシネ』という語があるが、これはブリヒまたはウリヒーと関連すると考えられている。ブリヒ系の語の東南アジアへの伝播は言語学的に疑点が残るようだが、東南アジアの bras-音語系、parai-音語系の呼称の存在が指適できるようだ。だが、中国ではその存在が知られてない。

サリーは典型的な南方米で、味に粘りけがなく、湯取り法で炊くことはその特色を強調する料理法と言えよう。それは照葉樹林の蒸し飯が極度に粘った飯なら、サリーの湯取り飯はその反対のサラサラ飯だ。この食味を考慮に入れて、サリー段階に湯取り法を属さしめておこう。こうして仮説的な整理をして、別図のような関係ができあがる。

プラオは別格で、これは多分回教文化と関連しており、これが最後の段階だろう。プラオの分布地域は、インドのタミール語の稲の呼び方のアリシイが基礎になった呼称が共通して存在し、英語のライスもその中に入ってくる。(52)

この図(図1)のようにまとめるのに、言語学と料理法をやや無理に結びつけ、大胆すぎる作業をやったとそしられても、止むを得ない。しかし認識してほしいことがある。それは稲の伝播と料理法の発生、その伝播は人間の歴史の中でもきわめて複雑なもので、一回の波でその総てが説明しつくせるものでないことだ。複雑な歴史を解く方法論として、このような整理法を一応提出した試みである

西アジア	インド	東南アジア、中国	日本
oryza ライス プラオ	arisi アリシー 段階		
	sali サリー 段階	湯取り法、後期炊干し法	
	vrihi ブリヒ 段階	シトギ、粥、蒸し飯	ウルシネ
	nivala ニバーラ 段階	ヤキゴメ、粥、前期炊干し法	イネ

図1　インドを中心としたアジアの稲の発展段階と呼称, 料理法の関係を示す.

と了解されたい。

追　記

本稿の執筆が終ってから、一つの資料が手に入り、ボルネオのイバン族の中にシトギが存在することがわかった。（大阪大学東南アジア医学踏査隊〔一九七二〕、大阪大学第七次アジア医学踏査隊報告）。

それによるとボルネオ・サラワクのイバン族は糯米を洗って水気をきり、半がわきのとき搗いて粉にする。その粉に水を加えて練り、薄く楕円形にまとめて、鉄製の鍋で両面を焼く。このほか、別料理として、同様にしてつくった粉を、水でやわらかく練り、鉄の型（金杓子のように柄の長いもの）に流し入れ、温度のあがった油の中に入れ、しばらくすると火が通り、型からはずれて浮きあがり丸形に揚がるのである。美味であるという。

これでインドネシアの一部にもシトキの存在が確認できることになった。それについて連想されるのは、セイロン島におけるシトギである。セイロン島のシトギはインド文化の影響下に成立したものと考えるより、インドネシア的影響下に成立した可能性が考えうる。インドネシア人は紀元前一〇〇〇年の頃にインド洋で大活動をし、アフリカからマダガスカル島にいたるまで足跡をのこし、いろいろの影響をのこしていることは、民族学でよく知られていることである。その影響がセイロンに及んでいても何の不思議もないことであろう。

2　麦の料理

パリーのパン屋　昭和四三年の冬のことであった。私はパリーで、日本と国交のないあるアフリカの独立国の大使館を訪ねて、帰りみち、ぶらぶらと街路を歩いていた。ふと道ばたのパン屋のショーウインドウに気をひかれた。どうも並べているパンの様子が普通のパン屋とちがっている。時間にゆとりが充分あった時だったので、即座に思いついてドアーを押してパン屋へ入ってみた。パン屋の親爺としばらく話してみると、彼が大変凝り性の職人かたぎの男だとわかった。突然とびこんできた日本人の私を歓迎してくれて、とうとう地下室のパン焼きかまどまで見せてくれた。彼は手工業の製パン所をパリーの町の中で経営しているのだった。パン焼きかまどは薪をたくという旧式のものである。仕事場の中には大きなかまど、生地をこねる木製のフネ、テーブル一脚だけで外に何もない。早朝に仕事がすんでしまって、室内はサッパリしている。かまどは余熱であつかった。私はそこでくどく醗酵用のイースト使用をたずねてみた。かえってきたのは、生地を前夜こねるだけで、そんなものは全然使わないという返事である。フランスは製パン用のイースト醗酵菌の発見、イーストの発達などでは歴史上重要な地位を占める国であるのに、こんなパン屋がパリーのまん中で、今でも大いばりで営業しているのである。そこで出来たパンを、おみやげに食べきれないほどもらったが、それは立派な醗酵をしたパンだった。

パンというものはこうしたものである。小麦粉を水でこねてかたまりにしたものをドウというがドーナツのドーである。このドウを一晩ねかせておいて焼けば、立派なパンになることもあるし、酸っぱくて食べられないこともあるし、まるでふくらまないこともある。これはイースト菌が自然にうまくドウの中に混じった時には立派なパンで、ある種のバクテリアが混じった時は酸っぱく、これらの作用がほとんどない時はまるで駄目になるだけである。パリのこのパン屋の地下室は、うまいぐあいに、自然のイースト菌が塵になって飛んでいる部屋だと言えよう。このほか、ドウは一晩おくと、内部的に微妙な化学的変化もおこる。

とにかく、ドウのイースト醗酵というものは、ちょっとした条件しだいで、ドウを作れば自然にその中で繁殖し、醗酵してくるものである。人工的にイーストを加えると、ドウをつくってから一時間ほどでパンを焼くこともできるし、現に文明国ではそれが常法になっている。しかしイースト菌を加えなくても、一晩ドウを放置すれば醗酵がおこるものである。

パンやパンに似た形をした小麦粉製品は、中国からインド、西アジア、地中海地域、ヨーロッパにさまざまのものがある。それらを見るのにあたって、ドウが一晩おかれたものか、小麦粉がねられて即座に加熱料理されたものかの違いが基本的な差異である。ドウが一晩おかれてから加熱されるものは、みんな醱酵製品であり、即座に料理されるものは非醱酵製品とグループ分けできる。ただし即座に料理しても、人工的にイーストや重炭酸ソーダを加えて化学的に醱酵の代用をしたものは別な問題である。

パン種の登場

ドウを一晩放置するだけでは、自然のイースト菌の醱酵は、どこでも、いつでもうまくいくという保証はない。こっちの家の台所ではうまくいっても、隣の家の台所ではうまくいかないこともある。こうした不安定性を防ぐには、パン種を加える方法が出現してくる。

パン種(54)の要点は、その中に相当量のイースト菌が生きて存在することである。一番簡単な方法は、一晩おいたドウの一握りを、明日のため焼かずに保存し、それを翌日のドウの中に混ぜることである。こんなことなら誰でも簡単にできることであるが、これには欠点もある。こうしてパン種をくりかえしていると、雑菌の方が増えて、酸っぱくなりやすい。その上パンは田舎の人が自給する時は面倒だから毎日は焼かない。数日おき、一週間おき、時には、一ヵ月に一回なんて話もある。そうなると、ドウの一握りを保存する方法は実用的でなくなる。

ヨーロッパの食生活史の話ではパン種のことはしばしば登場してくる。それは彼等がこれに苦労していたからだ。ビールをつくった時の底にたまったビール酵母は純粋なイースト菌であるので、よいパン種になる。それでいろいろ、ビールとパンの関係という話も出てくることになる。とにかくパン食民の主婦にとってパン種の問題は頭の痛いものであった。

戦争中に私はモンゴルの草原を歩いていたことがある。その時、白系ロシア人でウクライナからシルクロードを通って内モンゴルまで逃げてきた一家の主婦にインタビューしたことがあった。そのおばさんは、若者の日本人の私をうさんくさい目つきで見て、どの質問にも生返事をしていたが、パン種の話になると急に元気づいた。物凄い大柄の大女のおばさんがとたんにやさしくなり、いそいそと自分独創のパン種の壺を持ってきて見せてくれた。小麦粉を水にといたドロリとしたもので、いろいろ薬草が混ぜてあるという。その薬草の種類の秘訣にいろいろ失敗したのち成功したいきさつをながながと話しはじめたのだ。壺には猩々蠅が数匹飛んでいた。猩々蠅の幼虫はイースト菌を食べる動物だから、この壺の中にイーストがあるのは間違いないだろう。彼女は全部手製のパンをちゃんと焼いていた。

ドウから醱酵したパンや、パン類似物はこうして、原始的と考えられる後進地帯にも立派に定着しており、毎日の主食として小麦栽培地帯で使用されているものである。

華北のマントウ　黄土のおおった華北の広大な平野は見渡すかぎりの麦畑である。山岳高冷地を除いては、それは秋蒔《ま》き麦作地帯である。その麦畑はほとんど小麦畑だ。大麦はごく稀にしかないと私は見た。稀にある大麦は裸麦であり、青裸（チンコ）と呼ばれる品種で、脱粒した粒は青緑色である。チンコは平野部には稀であるが、山岳地帯、西北辺境部にいくにつれて増加し、それが主作となっている地方もある。

表1　日本と中国における食品名の漢字のつかいかた
（篠田統　1970　：米の文化史，社会思想社）

漢字	餅	麵	餌	餻	円	団	餈
中国	小麦粉製品	小麦粉	穀粉製品	ういろう類	だんご	餡入だんご	もち
日本	もち	うどん類	えさ	ようかん類	（まるい）	だんご	しとぎ

ともかくそれ以外は、華北平野は圧倒的に小麦の国である。夏になると、粟、黍《きび》、ゴマ、ワタなどの畑となるが、中国で古代から有名な粟、黍などは、小麦に較べると小面積で、現代の華北は小麦の国である。中国人の主食は江南の米に対して、華北の小麦が対照的である。

この小麦を中国人はどうして食べているか、これはなかなか難問題である。かつて私はアメリカの小麦専門家と同席したさい、彼に中国では小麦を如何に料理して食べていると考えるかと問ふたところ、彼はノウ・アイディア（考えたこともない）という返事であった。最近中国は定常的な小麦輸入国になりつつある。カナダ、オーストラリアなどから大量の小麦を輸入しつつある。その小麦が、どんな風に料理されて食べられるのか、外部ではまるで理解がないのは不思議なことだ。

私がいろいろの根拠から推測した中国の小麦消費の形態は、全量の約二割がいろいろの形のピン（餅）類となり、約四割がウドン類（麺、麺條子）、同じく約四割がマントウ（饅頭）として食べられていると見做している。マントウとウドンは、今日では中国で粟や黍より普通な食品である。

マントウは日本の中華料理店でも食べられるが、華北のものはそれとすこしちがっている。小麦の全粒穀粉からドウをつくり、一晩放置してから翌朝握りこぶし大にちぎったものを蒸器で蒸してつくる。出来たものはパンに較べて、蒸したものだから表面がすこしベタックが、内部はパン状で、日本の食パンなどと較べて気泡はやや密である。色は全粒粉だから淡い黄褐色になっている。この製法からわかる通りに、マントウは醗酵蒸しパンである。特に、マントウを切ってトーストすれば、誰でもパンだと思うだろう。ただし醗酵の程度はあまりいちじるしくない自然醗酵である。私は華北で酸っぱく醗酵したマントウには一度も出会ったことがない。私がインドの上等ホテルで、酸っぱい食パンを一度ならず食わされた経験からみると、華北のマントウの醗酵は上等にできていると言ってよいだろう。ちなみに日本の中華料理店のマントウは、上等小麦粉を重炭酸ソーダで膨らした小型の白いマントウである。

華北の農民たちはウドンとマントウを共々食べ、特に畑仕事の弁当にはマントウ一―二個と、壺に入れた飲み水だけ持って畑の作業にでかけている。それが醗酵蒸しパンである。

ウドンのこと　華北の小麦粉の食べ方は、マントウとならぶものはウドンで、そのウドンは日本のウドンとほとんど同じものである。私が会った華北の男の人は、その場になると誰もがウドンを上手に打つことができた。世界一のウドン国の男は、男のたしなみとして、ウドン打ちが出来る。けれども、そうして、むくつけき男がウドンを打ち終る頃にフト見ると、指の爪の垢がきれいになくなっているのである。ドウを手でこねる間に、爪の垢がきれいにとれて、ウドンの中に混りこんでしまったかと思うと、いささかうんざりした気分になるのもいたしかたあるまい。ドウは大変ゴミを吸いとる力が強いもので、チベット人はドウのダンゴで絨毯《じゅうたん》をたたいて、洗濯の代りをすることがある。中国での手打ちウドンの打ちかたは日本と同じで、つまり手打ちソバの打ちかたとも共通する。

華北では茹《ゆ》であがったウドンを日本のように醬油汁とともに食べるのは、私は見たことがない。味噌を水で軟らかにしたものを掛けて食べることも多く、日本人はそれをジャージャーメンと呼んでいた。ほかにアズキ、ササゲを軟らかに煮た汁の中にウドンを入れて煮こんだものも見た。文献(55)によると日本の素麵のようなものもあって、クァミエン（掛麵）と呼ばれている。またキシメン状のもの、短冊状のものも私は見たことがある。日本のウドンはこの華北のウドンの影響のもとに出来たものであろう。

世界的に見ると、小麦粉の食べ方として、ウドンという方法はどこにもない独得な方法である。ウドンは中国を本拠とし、明らかに日本とモンゴルに強く伝播している。モンゴル人は羊と漢人農民の小麦粉を交換して、それを全部ウドンにして食べていた。ウドンに似た食品としてはもちろんマカロニが考えられるが、これは製品が一度乾燥されてから市販されており、中国のウドンのように家庭ごとに手打ちでつくるのとはかなり相違がある。インドにもウドンがあるらしいが、残念ながら私はまだ対面の機会がなかった。きわめて稀なものであるらしい。マントウとウドンは中国独自の創造品であって、中国文化が創りあげたものとなる。

インド、パキスタンのチャパティ　中国の小麦の食法が、ウドン、マントウに代表されるなら、インド、パキスタンの小麦の食法はチャパティに代表されよう。インドの西半分と西パキスタンの農業の作物は小麦で、インドの東半分は米である。米地帯と小麦地帯が、中国では南北に二分されるのに対し、インドでは東西に二分されている。

チャパティ(56)は、通常アタ(57)と呼ばれる小麦の全粒粉からつくられる。アタに水を加えてドウをつくり、両手の間で丸く直径二〇センチばかりにうすくのばし、油をつけることなく直接鉄板の上で焼く。石板の上で焼くといっそう出来かげんがよいようである。チャパティは温たかいうちに食べるのが味がよいとされている。このつくり方でわかる通り、ドウは練りあげ直後に焼くので、チャパティは代表的な無醗酵食品である。チャパティ利用圏はインド、パキスタン、アフガニスタン、イランに及んでいる。

チャパティの原料はアタである。アタは小麦粉のことであるというふうに考えると若干誤りになる。アタの普通の定義は焼いてチャパティに作りあげられる粉をアタと言うことになる。つまりアタは純粋な小麦粉である必要はなく、大麦や雑穀の粉が混じっていることが相当よくあり、時に豆の粉が混じっていることもある。

インドの伝統上からみると、[58] 小麦粉をつくるにはチャキワラとよぶカーストの人達が、チャツキィと呼ぶ小型手まわしの石臼で製粉することになっていた。その小麦製品は三種類あって、一番上等なものはスジーと呼ばれ、小麦の胚乳の小粒で、料理に使用される。二番目の品質のものはマイダで、白色の胚乳の製粉であって、日本の普通の小麦粉、メリケン粉などがこれにあたる。三番目の製品がアタで、これは小麦粒の皮部分（麩）の入った、粗雑な粉である。アタはそもそもはこのような下級の小麦粉の名であり、それがチャパティ用として重要視されてくると、いろいろ混ぜもののあるアタが登場したことになる。インドでは、近代的製粉工場でつくられている純白な小麦粉は通常マイダと呼ばれ、上等なチャパティは、マイダからつくられている。

チャパティに類似した食品はインド、パキスタンでも呼び方がいろいろあるが、インド文化圏で普通に見られるものを、私なりに整理してみよう。チャパティを厚く、厚さ一・五―二センチにしたロティ[59]があり、小麦粉以外の雑穀粉でも容易にできる。ヒマラヤ地域ではソバの栽培が多いので、ソバ粉に卵を加えてつくったロティがありなかなか美味である。またチャパティと同様にしてつくるが、ただ焼く時に多量の脂肪か植物油を加えて、両面が金茶色になりバリバリしたものがパラタ[60]である。さらに油の量を増して、ドウの小片を油の中で揚げたものがプウリー[61]である。これら全部がいずれも無醱酵のドウからつくり出されるところに、その共通な特色が認められる。

中国のピン（餅）類　インドの小麦粉の食べ方、チャパティ、ロティ、パラッタ、プウリーなどを見ていると、その全部が、なんと中国のピン（餅）類として一括できるいろいろの製品にそっくりであるのには驚かされるほどである。私は華北の地にはじめて足を踏み入れた時、街頭の露店などで実にいろいろの食品、ピン類が売り出されているのに驚くとともに、日本へ帰るまでに、それらの全種類を食べてやろうと決心したことがあった。そしてその決心は日本に帰るまでにだいたい果たすことができた。実に中国には小麦粉の食品としては、インドの全バラエティがある上、さらにいろいろ独創的なピンがあった。

インドの小麦粉の食品が無醱酵を以て特色とする（後述するナンを別として）のに対し、どうも私の記憶では中国のピンの中には若干醱酵したものが相当あったと考えられてくる。何しろ中国のピンは種類が多く、それを食べてから長い年数がたっていることでもあり、名前も忘れてしまい、いまそれを的確に表現することはできない。

華北の地でいろいろ私の食べあさったピン類の中で、唯一つ今もってよく記憶しているのはチュンピン（春餅）である。それは大変上等なものを食べたからかもしれない。それを私はスーチンワンフ（粛親王府）の朝食でごちそうになった。というのは、私が張家口滞在中に、何ということもなく愛親覚羅憲容氏の園芸顧問のような具合になったことがあるからだ。というのは、私は満蒙産の野生ライラックの観賞価値とか、北京のペーハイ（北海）公園のパイスン（白松、シラカバのように幹や枝が白くなる松、山西省に自然林あり）の育ちぐあいとか、中国で普通な野菜であるチンツァイ（芹菜）がセロリーであることなどといった話題で話ができたからだった。憲容氏は私を朝食に招き、そんな話題を楽しんだのだ。私はまたこうして清朝の宮家の上等な朝食を毎日のように楽しんだ。四月初めのある朝の食事はチュンツァイ（春菜）、チュンピン（春餅）だった。春の青野菜の香りをめでる料理である。チュンピンはインドのチャパティあるいはパラッタとほとんど同様だが、油をしいて焼いてある。皿に積みあげた上からさらに胡麻油がトロリとかけてあった。チュンツァイの方は、野菜を切ったものと、豚肉の細切りとかがともにいためてあり、四種も五種もあった。チュンピンの一枚を自分の皿にとり、酢味噌を塗り、生葱をのせ、さらにチュンツァイをのせて、手で巻いて食べる。インドのチャパティに似ているとはいっても、胡麻の油で手がヌルヌルになるほど油ぎった食べ物であった。

こういうわけで、インドの無醗酵のチャパティその他の小麦粉食品と、中国のピン類とは、それぞれの土地の文化とともに発展したきわめて類似した食品である。この二つはおそらく相互に関係なく、歴史時代の変遷を経て今日の姿になったものであろう。

ナンというもの　日本から西方へと旅行して、小麦の原産地の地中海東海岸地域へ近づくにつれ、小麦の食べ方は急激にバラエティを増してくる。それらの中で、最初にはっきりとパン類似物として登場してくるのはこのナン[62]である。ニューデリーの町は、チャパティ圏であるが、旧市街にいくと、このナンを売っている店がある。ナンは西パキスタンへ入るといっそうよく出会うようになる。さらに西方のアフガニスタン、イランへと行くにつれて、ナンがいっそう普及しており、常民の基本食となっている。イラクでもナンが基本で、ここでは大変バラエティに富んだナンがある。トルコ、エジプトにもナンがあり、多分地中海に面したアフリカ北岸にも連続してナンがある。

ナンは醱酵した薄いパンのようなもので、二つ折り、四つ折りができる点で、西欧風のパンと区別できる。ナンのつくり方は、前日に小麦粉を練ってドウをつくり、場合によっては、都市ではイーストを加える。翌日そのドウを、週刊紙大の大きさの薄板（厚さ一センチまでくらい）にして、あらかじめ高熱にしておいたカマドの側壁にすばやく貼りつけて、両面から焼く。ここにハッキリ醱酵したもの、カマドで焼いたものが登場してくるのである。

私が見たナンは円型のものはなく、みな長円型、小判型であった。在留日本人の中ではナンに〝藁《わら》草履《ぞうり》〟と仇名をつけていた人もあったが、かなりうまい形容である。ナンの中味は、日本のパイの皮のように、多数の層になっているものもあって、それは上等のナンである。ナンはこのように、小麦の発生地を含むイラクなどの地域の基本食であり、バラエティも多く、使用人口も多い点からみて、小麦の食べ方の一つの大きな方式である。このナンという呼称は、パキスタンなどで呼ばれる名称だが、パンに対して、私はナンを一般名として採用したい。それはまことに、ナンはパンと相対立するほど特色のある重要な加工品であるからだ。ナンの味は、その種類により、原料、焼き方によりさまざまだが、その優等品は西欧式のパンより別に劣ったものでなく、私は大変うまいものであると思う。

ナンは一般に他の煮こみ料理などと一緒に食べられることが多く、折りまげたナンでおかずをつつんで食べるのが普通である。

タンナワー　ナンを紙のように薄く焼いたものが、イラク、シリアからエジプトにいたる地域に見られる。これがタンナワー(63)である。これは主として村でつくられており、原始的なカマド、または凸面の鉄板上で焼かれる。後者がどうも普通のようだ。ドウの醗酵は大気中の自然菌またはパン種を加えてやる。焼く前に手でボール紙くらいの厚さに平らにのばす。かなり大きなものもあるが、普通直径は三〇―四〇センチくらいの円い形で、薄くつくるため、穴があいていることもある。

タンナワーは折りたたんでおかずをつつむという点では、ナンよりいっそうまさっている。スプーンやホークも箸もない民族にとっては、タンナワーは食事に都合のよい食べ物である。タンナワーには小麦以外の穀類、豆類、根菜類の澱粉を加えることもあるという。ともかく紙のようにうすいパン類似物は西欧にも見あたらない、面白いものである。

ところが、タンナワーに似た加工品は中国にもあった。これもピン類の一つである。名前は忘れたが、在留日本人は〝風呂敷〟と呼んでいた。これは直径七〇―八〇センチの鉄板の上で焼いたもので、たいてい雑穀粉が混り、その上、ショウガで香りづけしてあった。ドウはかなり軟らかなもので、シャモジですくいあげて鉄板の上で拡げていた。これはもちろん折りたたみできるもので、食べ方は、タンナワーとほとんど同じである。中国のものは西アジアのものと、出来あがった形態はよく似ているが、これはどうも西アジアからの伝播というより、たぶん中国で独創的につくり出されたものであろう。

アラブパン　アラブ語を話す地帯には、タンナワーとならんで、もう一つ普遍的に見られるパンがある。それはもう全くパンと言ってよい製品である。それをアラブパン（バラディー）[64]と呼ぶことにしよう。

アラブパンは丸く平らで、直径二五センチ、厚さ一―二センチ、前回のドウを保存したものをスターターとして用いる。焼き方に特徴があって、あらかじめ高温に熱したカマドの中で、短時間、一―一・五分焼く。そのときドウはほとんど、爆発的にふくれて、上下の二層に分かれる傾向をもつ。後でパンの間におかずを詰めるのに都合がよい。アラブパンの歯ごたえはむしろ弾力があって、皮はできない。したがって保存しておいても皮がかたくなることはない反面、その間に中味の味と香りを失いやすい。

これがカイロの町などで一番普通なパンであるが、アラブパンにもまたいろいろな変異がある。エジプトではもっと厚い形の円形のものもある。[65]

アラブパンは地中海に面したアフリカ北岸地域にまでひろがっており、所によっては南方サハラ砂漠の南にまで出現してくる。私がマリー国のトンブクツウで食べたパンはこのアラブパン型の円盤型パンであった。トンブクツウのオアシスでは灌漑小麦栽培が行なわれ、パン焼きカマドが街頭いたるところに見られた。

古代エジプト人はパンを食べていた。そのパンは壁画にのこり、現物も発掘されている。それをみると、今の平盤のアラブパンより一般にもっと塊状になっており、小麦粉だけでなく、大麦粉も使用されていたようである。古代エジプトではパンを焼くカマドの代りに、白熱灰の中や、あらかじめ焼いて熱した扁平な石を敷き並べた上などで焼きあげられていた。多分現代のアラブパンはこの古代エジプトのパンの発達したものであろう。どこかの時点に、パン焼きかまどが導入され、それに応じてパンの方が変化発達したのであろう。

アラブパン、ナン、西欧のパンの三者はいずれもかまどで焼かれている。そのかまどの形態、分布、起源、発達といった問題が当然考えられてくるが、今の私ではこの問題を解きほごすことはできない。それは後日に残された問題である。

西欧のパン　ヨーロッパはパンの本場であることは言うまでもない。そこには無数のバラエティをもって、パン食文化が成立している。その影響は今日アメリカはもちろんのこと全世界に及んでいて、小麦食と言えば、パン食が即座に連想されがちである。しかし中国、インド、西アジアなどでは、これまでに述べてきたように、土着の小麦粉加工法がそれぞれ発達しており、決してパン食国などと簡単に言えない。このことを裏がえしにして言えば、西欧のパンは西欧の土着食品として取りあつかってよいこととなろう。

西欧のパンはそのさまざまのバラエティにもかかわらず、それを概観すると一つの共通の特色がある。それはパンの表面に皮が多少なりともできていることである。マントウ、チャパティ、ナン、タンナワー、アラブパンなどという小麦加工品と比較すると、西欧のパンは、皮パンという名で呼んで、同列にならべて取りあつかいたくなる。

西欧の皮パンは、アラブパンに比較すると、一般に塊状で中味が大きく、それが均質になっている。皮は硬く、茶褐色を呈し、通気性が悪いので、内部の味と香りをよく保存する傾向がある。つまり西欧のパンは焼きあげてから、日持ちのよいパンである。この西欧の皮パンは、アラブパンなどと比較すると、やや温度の低いかまどの中で、すこし長時間かけて焼きあげることによってつくりだされている。もちろん西欧のパンは代表的な醱酵パンであって、その醱酵のスターターにはいろいろ工夫があり、最近は純粋なイースト菌を加え、ドウのねりあげ焼きあげにも、機械化がすすんでいるが、皮パンであるという性格はよく保持されつづけている。

西欧のパンの歴史はかなりよく調べられている。(66) それは初めに、古代エジプトからはじまり、ローマ時代から中世、近世へと、かなり綿密にトレースすることができる。西欧で出版されているパンの歴史はこういったもので、同じ古代エジプトから発展してきて、片一方は西欧のパンとなり、片一方はアラブパンとなったはずと考えられるのに、その片一方の途の西欧パンだけが問題とされている。今までのパンの歴史はこうして、片手おちになっていたのだ。

古代エジプトのパンに、小麦（エンマーコムギ）のみならず、大麦のパンが出てくる。ヨーロッパの中世にも、大麦や燕麦のパンの話がよく出現してくる。ドウがうまく膨らまない大麦などのパンでは、塊状のパンがつくりやすいと考えられ、西欧のパンはまさにそうした雑穀使用に好適な形態というべきであろう。ヨーロッパの中世では、農民は普通大麦などの雑穀の粉の入った黒パンを食べ、小麦の胚乳のみからつくった白パンは、祭日などのほかに食べることができなかった。ライ麦は小麦以外の穀物で、その中にグルテンを含み、それだけで膨らんだパンをつくることのできる唯一の穀類であるが、それが北欧の主作物となり、それからつくったパンは黒パンとして知られている。西欧のパンを白パンとのみ考えるのは、歴史的にみて大変な誤りであり、むしろ西欧パンは純粋な小麦粉だけでない粉のパンとして発達してきたものと見るべきであろう。このことは、むしろ現代のアラブパンの粉質に対する要求が、西欧のパンよりむしろきびしいもので、アラブパンが強力粉またはマカロニの小麦粉を混ぜてつくられていることを考慮すべきである。

西欧のパンは西欧各地にさまざまなバラエティを生んだが、その代表選手はおそらく〝食パン〟と〝バケット〟の二つと見てよいだろう。食パンは金属性の型罐の中に入れて焼きあげるものであり、バケットは型罐なしで焼きあげるパンである。食パンはアングロサクソン系の植民地やその文化影響国に今日広く普及し、日本もその中に含まれている。バケットはフランス植民地やその文化影響国に広く普及し、ともどもこの二つが世界で一番広い地域に見られるパンの形態である。日本ではそれで、パンと言えば食パンが基準になるが、アフリカではたいていバケットである。ごく最近日本でも、バケットが大都市でかなり多く見られるようになりつつある。

バケットは細長い棒状で、皮がかたく、全く皮パンの特色をいかし、味覚のアクセントとして、皮は中身よりむしろ重要であろう。これに反して、食パンは皮はつけたりで、残して食べない人もあるくらい、中身が重要となっている。食パンでは中身の膨らみ工合がとりわけ重要で、製パン業者の重大関心事になる。この膨らみは小麦粉の粉質に基づくところが大きく、したがって、強力粉となる硬質小麦の要求が強くなる。今日の日本の食パンではカナダのハード・レッド・スプリング（硬質、赤粒、春蒔き小麦）を輸入しているが、これは世界で食パン型のパンには最良の品種群である。これに反してバケットでは、小麦粉の性質の異る要求があり、もし日本に今後バケットの消費が増してくれば、日本の小麦消費のパターンに変化がおこるかもしれない。食パンは製造工程が極度に機械化しているが、バケットはほとんど手づくりである。日本のパンの消費が、機械づくりか手づくりか、食パンかバケットか、大変興味深い問題だ。それとともに、チャパティやナンなどが日本人の食卓に参加する可能性があるだろうか、一度検討してみたい問題でもある。

ついでながら、日本の餡パンは大変面白いものと言えよう。これは次のように見たらよいだろう。中国のピン類の中には、中にいろいろ詰めものをしたものがたくさんある。肉入りの焼いたものはローピン（肉餅）として親しまれている。またそれを焼かずに、マントウのように蒸したものは一般にパオズ（包子）である。日本の餡パンの餡はまさに中国的なものである（華北にはアズキのほか、乾ナツメの果肉の餡もある）。このピンかパオズを、西欧風の皮パンの中に仕立てたのがまさに餡パンである。中国文化と西欧文化の結合製品と言えようが、それができたのが日本であるということは、まさに面白い点であると言えよう。

バルガーというもの　バルガー(67)というのは、主として小麦からつくる特別な興味深い加工品である。これについてはすぐれた説明がすでにあるので、それを引用してみよう(68)。

バルガーは、小麦粉が長く耕作されてきた主として西アジアおよび北アフリカ地域で行なわれてきた古い方法である。聖書に二度（エゼキエル書四四―三〇、ネヘミヤ記一〇―三七）あらわれ、欽定訳聖書において「ドウ」と訳され、聖書の現代語訳では「麦粉」と訳されている。ヘブライ語のアリサ(69)という語はバルガーを指すものと考えられる。古くから、バルガーは収穫後まもない小麦全量を最小量の水（私が聞いた例では多量の水を使用する(70)）とふたのない容器で、軟らかくなるまで煮ることによってつくられる。次いでこの小麦をうすく広げて日光で乾燥する。通常、乾燥した小麦に水をかけ、粒を手でこすることによって、ふすまの粗粉を除去する。殿粉の糊化のため、ガラス状になった穀粒を次に石の間、またはヒキウスで破砕する。できあがった製品がバルガーで、家庭でしばしば大きな陶器の中に貯蔵する。このようにして貯蔵されたバルガーは貯蔵力にすぐれ、寄生動植物から保護される。これは食用には必要に応じて蒸すか煮るかする。後者の場合には一五―二〇分間以内に吸いこむにちょうど十分なだけの水を使用する。小量の油、肉汁を加えてもよい。地域によっては別名のついた料理ができあがる。

バルガーとその他の食品の混合物からつくられている調理品はいろいろある。ファラフェル(71)はバルガー、粉砕ソラマメ、粉砕ヒヨコ豆の混合物であり、油で揚げて食べる。これは近東の多くの国で好まれている。バルガーに牛乳を加え、この混合物をときどきこねながら、数日間醱酵させ、球状にし、日光で乾燥してつくるものがある。トルコ、エジプト、シリア、ヨルダンおよびその他の国に見られるものである。日光乾燥したものは一年くらい貯蔵できる。イラクにも似たものがあり、クスック(72)と呼ばれている。しかしバルガーは製造途中で加熱してあり、穀粒中の酵素が死んでいるので、これからパンまたはパン類似物をつくることはできない。

バルガー製造の方法は、インドで普及している米のパーボイル加工に非常によく似ている。穀類は一般に皮と、それに近い組織に栄養分に富んでいる。米のパーボイル加工およびバルガーは吸水させてから加熱しているうちに、皮部の栄養分が内部に浸みこんで、後で胚乳だけとりだして美しい製品をつくっても、栄養分の多いものが得られるものであって、そのためこれらの加工法には栄養学者が注目している。そのうえ貯蔵力が増大するという利点もある。インドのパーボイル加工はおそらく米の野生的な脱落性のあるものの処理と関係があることは、その項で述べた通りである。コムギまたは他の麦類の場合でも、同様な推定はなりたつものである。そのうえ、コムギなどでは特に考慮すべき点がある。野生のコムギや野生の大麦は裸でない皮麦である。古代エジプトのピラミッドをつくっていた頃のコムギは、皮型のエンマーコムギであった。(73)この皮型の小麦や皮型の大麦の加工法としては、バルガーはすこぶる適性があると考えられる。それ故、このバルガーは非常に古代的な加工法がいまに残ったものと考えたくなる。その点、バルガーの分布地域が、小麦の発生地、またはその近傍地帯に限られる点は以上の推論とよく一致する。(74)

麦の粥食　麦類がその歴史の初期に粥《かゆ》食とされたことが多くあるらしいことは、いろいろの事実から推測できる。それは各地に麦類の粥がみられること、それらが文書の記録に残っても、今日は非常にすくなくなっていること、また粥が土器の壺さえあれば、原始時代でも容易に料理できると考えられることなどから推定できる。

きわめて原始的な形をとどめていると考えられる粥に、エジプトのフェリーク(75)がある。これは小麦が充分に稔る前に、すなわち未熟刈りをし、短時間炒《い》り、次いで棒でたたいて粒を砕いてつくられる。(76)未熟刈りをし、それをまず炒って貯蔵性を高めるなどは、まさに穂の脱落性のある野生型の麦類にピッタリと応用できる加工法である。

麦類の粥は歴史的にみると、どうも今日の西欧の皮パン型のひろがっている地帯に典型的に普及していたようである。古代ギリシア人の食事はシトスと呼んだ穀物料理の一皿だけで、それはローマ人がプルスと呼んだ食物と大差ないとされ、それは今日西洋でポーリッジと呼ぶ粥であったらしい。ある時にそれらは、無醗酵のナンの如きものであったとも推定されている。(77) 共和国時代のローマ人とエトルリア人は、主として粉砕して炒った穀粒でつくった粥の形で小麦を食べていた。ローマには建設後約八〇〇年間すなわち紀元四七年頃まではパン屋はなく、こんな物を食べていたとされている。地中海の古代世界、つまりギリシア、ローマ時代の前半にはパンがなくて、主として麦類の粥によって生み出されたエネルギーが歴史をきざみあげていたと解されている。このことはヨーロッパのアルプス以北で大体あてはまると考えられており、麦類の粥料理のことがいろいろの言い伝えに登場している。フルメンティ(78)というイギリスの料理は、小麦全粒を水にひたして軟らかくし、ついでこれを牛乳の中で煮たててつくる。スコットランドでは大麦粥が伝統的な料理であったという。(79)

このような西欧、近東、北アフリカの粥の共通的な特色をみると、それはたいてい全粒のまま、あるいはそれを杵で精白したものでなく、一般的に粗く粉砕された粒を煮て粥にしていることで、日本の米粥と大分異なっているものと考えるべきだ。世界的に見て、粥は三種に区別する方法もある。(80)

(1)コ　ナ　ガ　ユ――粉にしたものを熱湯で練ったもの
(2)ツ　ブ　ガ　ユ――日本の粥のように粒のまま煮てつくる粥
(3)アラビキガユ――(1)、(2)の中間で、荒びき、あるいは挽き割りにした穀物を煮たもの

この区分に従うと、西欧、近東、北アフリカの粥はだいたいアラビキガユに属するとみられる。

次にこれら地域の粥にした穀類をみると、決して小麦が圧倒的な地位を占めているようなことがな

く、大麦、燕麦その他雑穀が相当重要な地位を占める。いや重要どころか、大麦が圧倒的な地位を占める場合もあって、パン類は小麦、粥は大麦とおぼえておいてもよいくらいである。大麦は古代の作物で、現代では、日本その他二―三の地域を除いては人間の食糧としてはほとんど問題にならないようになっているが、古代世界では小麦とともに、あるいは小麦以上に栽培された穀物である。大麦は粥に適しているほか、次節で述べる炒り加工に好適であり、これらが主食である限り、大麦の栽培は欠かせないものである。

インドの古代史はアリアン民族が西北からカイバル峠を通って南下して、パンジャップの平原に地歩をきずくことから今のインドのヒンドゥー文化の発生がはじまった。その頃の歴史はインド古典のベーダの中に見出すほかない。その頃のアリアン民族の主食は〝ヤバ〟(81)と呼ばれる穀類で、それは主として大麦のことと解されている。ヤバの語は中世になると大麦に固定されるが、ベーダ時代にはどうも穀類の代表名であったらしい。いずれにせよ、インドのアリアンは初期には大麦を大量に食べていたことは間違いないとされている。その頃、大麦をどのようにして食べていたのだろうか。当時の料理の名をさぐると、たちどころに、〝ヤーバカ〟、〝ヤバアグウ〟(82)の名がうかんでくる。ヤーバカは大麦を臼と杵で砕き、カラを除いたものを水で煮たものである。ヤバアグウは大麦の粥とされている。ちなみに、当時のインドの大麦は皮大麦であったと考えられている。ベーダには小麦の名がおくれて登場したことで知られており、先行したモヘンジョダロの発掘には小麦があるのに、初期のリグベーダに登場しないが、アタルババーダ[83]でやっと登場するありさまであることは、おそらく当時アリアン族によって小麦は軽視されていたのであろう。ともかく大麦の粥と判定されるものがこのように見られることは、インドのアリアン文化の初期にそれが重要であったことを示すことになろう。

中国では先秦時代にあっては、麦は煮て粒食する習慣であった[89]。現在の中国では雑穀類のツブガユはあるが、麦類については私は知らない。そこの麦の食べ方は地中海地域と古代においては通じている点が多いのである。

炒り麦の加工　小麦の食べ方は所によってさまざまである。中国のマントウとウドン、インドのチャパティ、パキスタンからイラクまでのナン、イラクから地中海南岸のアラブパン、西欧の皮パンなど、それらの代表例といえよう。このように地域によって小麦の食べ方がいろいろと変化しているが、それでは、これら全地域に共通した麦の料理法があるのだろうかという疑問が生まれてくる。その答えはある、あるいは歴史的にあったということである。その方法は、麦を炒る方法である。この時には、パン類似物では小麦がすぐれているのに対して、炒る料理法ではどうも大麦がすぐれているようである。したがって麦を炒るという料理法では、代表的なものは大麦の料理法とも見ることができる。

麦類を炒って調理する方法は、おそらく人類史上、麦類が登場した最初の加工法と考えられ、欧米人にもこのような考え方がでてきていて、麦の加工法として筆頭にとりあげられている[84]。この方法は原始的用具で用が足り、火と熱い石か砂があればよい。炒った麦粒はそのまま食べることができ、またそれを粉砕して粉としてもよい。その粉は水や乳、香料、甘味料と混ぜて練って食べてよく、あるいはその粉から粥にしたてることもできる。ただし炒った穀粒はその中の酵素が破壊されているので、パンやその類似物につくりあげることはできないが、蒸してチマキやダンゴのごとき加工は可能である。炒った穀粒またはその製粉したものは、加熱によって水分が除去されているので、貯蔵力が大きくなり、重量もすくなく、旅行用としても便利な食品であり、日常食としても料理の必要のほとんどないインスタント食品として便利である。

穀粒を炒るという加工は、野生状態かあるいはそれに近い状態の麦類で、穂が成長すると脱落するような場合に、その脱落性のあらわれる完熟前の水分の多いものを収穫する。つまり未熟刈りをする方法によく適合している。そのうえ、野生型の小麦でも大麦でも、それらは裸型でなく皮型で頴をかぶったままの穀粒が得られるので、それを食べられるようにするために、炒っている間に頴を焼いてしまえば、簡単に炒った穀粒だけが得られるという利点がある。

さらにこの炒り麦という加工は、旧大陸の麦の伝播した地域のほとんどに見られるという事実、つまり炒り麦法が麦の料理法として最大な分布圏の広さを持つということも、それがはなはだ初源的な古い料理法であったことを推定せしめる一資料ともなるものである。

麦類を炒るには焼けた小石、または砂でよいわけであり、現在でも砂炒り法がチベット、インドでは常法となっているが、土器の鍋でも、金属の鍋でも炒ることができる。特にこの方法が雑穀にまで拡大されると、雑穀は粒が小さいので、鍋を使用しなければならなくなる。しかしここにもっと大きな問題がある。それは粒が穂についたまま、それに火をつけて、いきなり燃やす方法である。これは日本では『焼き落とし』などと呼ばれており、九州地方に最近まで残ってきた方法である。穂を焼くといっても、よく乾いた穂ではノゲ（芒）や穎がさっと燃えたち、粒は半こげになるように上手に燃やすのがその秘訣である。この方法は穀粒の脱穀法、乾燥法、加熱加工、したがって貯蔵性増大などを一工程でやるようなものであって、原始的とはいえ、うまい技術と言えよう。この焼き落としに似た麦の処理法はヨーロッパでは最近まで残っており、(85)バーン・ビーティング(86)とか、スコットランドのグラタン・メソッド(87)という名で知られてきている。この焼きおとし法は多面的効果を持っているとはいえ、その方法はおのずから麦の炒り加工に連続する面を持っている。麦類の初期の料理法としては、おそらく焼き落としと炒り麦とが、緊密な関係にあったと推定して許されることであろう。

中国の炒り加工　現在の中国には麦を炒った加工法はほとんど知られていない。わずかに、華北の地のチャタン（茶湯）(88)がそれを代表していると言えよう。これは大麦（裸）を炒って粉にしたもの、つまり日本のハッタイ粉である。これを火にかけて炒りながら、骨油を混ぜ、ゴマ、砂糖などを加えて、食する。つまり、大麦のハッタイ粉を練るのに珍しくも油を加えて食べる方法である。

ところが古代中国をみると、(89)炒り麦製品がたくさん登場してくる。中国の春秋戦国の頃の文献に『糗』（キウまたはショウ）という文字が登場してくる。糗は麦や米を炒ったままのものである。これがすこし後世になると、それから粉がつくられ、炒麪（シャオメン）として登場してくるという。炒麪は全く日本で麦こがし、ハッタイ粉、香煎、イリコ、コガシなどさまざまな異名で呼ばれているものに一致してくる。糗は周代においては簡単な飯の代りとして用いられていたが、それは粒食であると判定されている。しかし粉にしたものも、だんだん糗の字が使われるようになったとされている。また『粱糗』（リャウショウ）という字も同じ頃に見出され、これは粟でつくった糗、すなわち粟粒を炒ったものと解される。こうしてみると、麦、米のほか、粟のごとき雑穀の糗があったと推定できよう。現代中国からは炒り麦製品ははなはだ稀になってしまっているのに、このように古代中国にはそれが基本的食糧の一つとして存在していたことがわかる。

中国周辺部の諸国に同様なものをさぐってみると、まず朝鮮のミスカルがある。[90]これは米を原料とし、鍋またはフライパンで炒ったものを製米所の石臼で製粉したものである。ミスカルは夏期の頃、冷水にとかして飲んだり、旅行用携行食とするという。ミスカルはまさに炒麪に相当する。

日本では先にのべたように、主として裸大麦からハッタイ粉、香煎をつくり、水や湯で練って食べたり、飲みものとすることは、朝鮮にはなはだよく似ている。日本には雑穀からつくられているものも見出されている。山形県、石川県のイリコは大麦から、岡山県のイリコは小麦、裸麦からつくられ、岐阜県揖斐郡徳山村のコガシはヒエ、アワ、シコクビエからつくられている。[91]また焼畑で有名な石川県白峰村では、シコクビエからつくり、イリコと称している。[92]日本では名称が非常に乱れているが、裸大麦を主力とし、皮大麦、小麦、雑穀を炒って粉にした食品が広く見られることになる。その通称名は、私はどうも『イリコ』が一番よいように考えられるので、これから、その名を使うことにしよう。

台湾にも米からつくった似た食品がある。(93) 炒った米を粉にし、白葱の薄切りの油で炒ったものなどと、砂糖を混ぜて全体練りあわせ、熱湯の中に投入して、ドロドロにして食べる。これはミーテ（麵茶）と呼んでいる。やはり炒麫の料理法である。台湾は対岸の大陸の影響の大きい所であるので、ミーテは多分中国大陸の南部にある料理法だろうと推定できる。

内モンゴルのモンゴル族の食事は、私の見た限りでは、主食は畜産製品より、むしろ漢人農家から購入した穀類であった。一番多いのは小麦粉で、それについで裸燕麦粉であった。これらはほとんどウドンの形で食べられている。これにつづいて多い穀類は、キビ、モチキビ、アワなどである。これらの雑穀は炒って袋に入れて貯蔵され、随時にスゥテイ・チャイ（牛乳、塩入りの茶）の中に一握り投入され、ふやけたものが食べられていた。これはバタアと呼ばれている。バタアは全く雑穀の糗で、古代中国の食事が現代モンゴル族の中にそのまま見られるというわけである。

インドの炒り麦製品　インドには大麦からつくったサツウ(94)という日本の大麦イリコと全く同様な製品が広く知られている。現代インドの大麦の消費の形式をみると、直接製粉されるものが六四パーセント、これは小麦粉と混ぜられて、アタとなってしまうのが大部分であろう。飼料用に二二パーセント、それから問題のサッツウになるのが一二パーセントと見つもられ、醸造用その他は一パーセントくらいであるとされる。[95] インドでサッツウはこの程度に重要であるということになる。

インドのサッツウのつくり方、製品はまったく日本のイリコと何のちがいもないものだが、ただインドでは完熟前の穂から粒をとってつくることがあり、これは原始的な未熟刈りと関連して考えるべき点である。インドではサッツウと呼ぶ時は、必ずしも大麦からのものばかりでなく、米からつくったサッツウもある。そのことはすでに、パーチト・ライスの項で述べた通りである。このパーチト・ライスのつくり方の特色は砂炒りすることで、これはサッツウ一般の製法として通用できる。この方法が、おそらく、サッツウづくりの原形であったと私は推定している。その大きな理由の一つは、インドの隣りのチベットが、砂炒り法を使っていることにもある。

インドのサッツウは大麦、米のほか、雑穀のものもある。私はヒマラヤ山中で、米の補給がとだえたため、シコクビエのサッツウで数日間過ごしたことがあったが、シコクビエのサッツウは、穀類食品の中でも、一番情なく感じたものだった。水で練ると、泥水のようになって、その色は全く溝の泥をあげたものとそっくりだ。

サッツウは古代インドでは、サンスクリット名をサクツウの名をもって、[96] インド最古の文献リグベーダの中に見出され、おそらくインドに侵入したアリアン族は主として大麦を栽培し、それを粥とサッツウの形にして食べていたものと想像される。インド古代の料理法をみると、麦を炒った料理系列のものはほとんど全部が登場してくる。[97] まず大麦を未熟刈りをしたものを炒ったものがアウクラ[98]であり、それを杵でついて粉にしたのがアビューサ[99]となる。大麦を炒ったままのものはダーナーブ[100]と呼ばれ、リグベーダに登場してくる。カランバ[101]はサツウに凝乳を混ぜて調理したもの、マンタ[102]はサツウに蜜その他を混ぜたもの、あるいは炒った大麦をそのまま粥にたいたものはバーテイア[103]と呼ばれているなど、炒り麦製品の調理法はワンセットが出現してくる。このような点からみても、インド古代は小麦よりむしろ大麦を主として、それを炒って食べる方法は大変発達していたとみて誤りないだろう。

チベットの炒り麦　チベット人の主食は何かと問えば、即座に彼等からそれはツァンパ[104]だという返事がかえってくるほど、ツァンパはチベット人にとって重要な食品である。ツァンパは裸大麦の粒を熱した砂で炒り、それを粉にしたもので、日本のイリコと全く同一である。チベットの農業の主作物は裸大麦で、皮大麦はない。ほかに第二位の作物は小麦である。この主作物の裸大麦はほとんどがツァンパに加工されている。まれには裸大麦粒を炒った粒のまま食べることもあり、これはユツ[105]と呼んでいる。しかし炒っただけで粉にしない粒のままのものは、小麦の方が普通であって、これはヒマラヤ山中のチベット人地帯で私はたびたび出会った経験がある。

チベット文化は麦の料理法の上からみると、ツァンパやユツ、炒り小麦に代表されるように、炒り麦調理法が基本的日常食となっている世界唯一の国である。これはいわば、古代中国の糗や、インドのサツウの原形がそのまま今日に残されている場所であると言えよう。ツァンパの大麦は熱砂炒りが原則であるが、時に前処理として吸水させることがある。(106) その方法は、脱穀した大麦を布袋に入れ、冷たい川に二時間ほど浸す。それを三日間放置して、一日天日に乾かす。これを炒って製粉する。この前処理にはパーボイル加工のような加熱はないが、それはすぐ炒るのだから当然である。この前処理はやはり、水分の多い未熟刈りの加工と関係づけて考えるべきであろう。

チベット人は大麦はツァンパに、小麦は炒り麦か、あるいは生のものを製粉する。この小麦粉の食べ方を見ると、どうも中国のピン類の豊富さに比較して非常に簡単である。チベット系の言葉を話し、同じ生活文化を持つシェルパ族の生活を調査した柳本杏美氏(106)(107)によると、シェルパにはトゥッパーと呼ぶウドンがあり、ルコモモと呼ぶゆで小麦粉の団子もある。このウドンや団子が中国文化からの伝来か、その逆であるかは、これは今解くことができない問題である。

このほか小麦粉を利用したチベット人の食品として、モモと呼ばれるギョーザは忘れることができない。モモは中国から伝来したものと考えられ、チベットの最上階級の人たちも好んでいる。私はチベット一番の富豪で、貴族の筆頭だったツァロン氏のカリンポンの別宅で、モモのごちそうになったことがあるが、中につめたつぶし肉はヤク肉であった。しかしその味はどうも、豚肉とニラを充分使った中国の田舎のギョーザに及ばないように感じたが、チベット人は大変これを好んでいた。

チベットにはこのほか雑炊料理のシャクパや、穀粉の厚焼きのインドのロティと同様なディローもある。これらは前記柳本氏のソロクンブのシェルパ族の場合には小麦は使われておらず、雑穀粉だったが、これは当然小麦粉、あるいは炒った小麦の粉がよく適合する料理と考えるべきであろう。チベット文化のこれらの麦類の食べ方全部を通じてみて、チベットの麦食法は、中国とインドの場合の祖先型とみてよいだろう。

近東、北アフリカ、西欧の炒り麦　近東地方は植物学的に麦類の原産地であり、その料理法としても、炒り麦の方法が発生した地域として、最も重要である。ところが、目下のところ、私の手もとには、近東の炒り麦についてては、はなはだ貧弱な情報しか入手できていないのは残念である。

近東で古代に炒り麦が文献に出てくるのは、聖書のルツ記にあり、この炒り麦は大麦のものであったと考証されている(108)。しかし北アフリカになると、炒り麦の報告は多くなる。石毛直道氏は地中海岸からアフリカ内陸のチャドまで隊商とともに旅行したが、その時にチャド方言でクレヨンと呼ばれるイリコを食べている。前世紀の終わり頃に北アフリカに旅行したフレデリック・ホルネマン(109)によると、北アフリカで一種の大麦のイリコがあったことがわかる。それはシミティ(110)と呼ばれ、大麦をゆでてから天日で乾燥し、さらに火で炒り、それを粉にひいたものである。シミティは皮袋に入れて貯蔵し、塩、胡椒などの香料を加えてある。これを水で練ってバターや油とともに食べる。多量の水と乾ナツメヤシの実を加えて、ラツムという飲物もつくるという。シミティの作り方を見ると、単純な炒り麦でなく、バルガーの製法と炒ることが結合していて、大変面白いものである。

以上の通り例証は貧弱であるが、近東にも北アフリカにも炒り麦という料理法の存在することが明らかであり、かつそれは聖書のような古代からあり、かつ大麦がその主要な穀類として使用されてきたことがわかる。

西ヨーロッパの炒り麦の存在の確認ははなはだ困難であるが、次のような事実が指摘できる。[11] イギリスの鉄器時代（前五―後一世紀）の頃の出土に大量の焼けて割れたフリント石の礫が出土する。これは当時に、焼けたフリント石の礫の上で穀粒を乾燥したか、あるいは炒ったものと推定されている。このことは前世紀までハイランド人が、燕麦の束を火をつけて持ち、それを打ちつけて脱粒させていたこと、すなわち典型的に『焼き落とし』作業をやっていたことと関連づけて考えられている。バーン・ビーティングである。これらの作業では、多少なりとも炒られた穀粒が得られ、それを製粉すればイリコとなる。イリコの特色は、穀粒中の酵素が破壊されているために、製パン用に適さないことがまず指摘できる。それ故、イリコは粥にするか、練って食べるものとなる。西欧の例はおそらく粥食として主に消費されたのではないかと想像される。

麦料理法の発展段階　麦類の中で、小麦にも大麦にも近東地方に野生があり、その地方で栽培化されたとされている。その一番初期の料理法は何であっただろうか。麦類の料理法の中で、一番広い分布圏を持つのは、まず炒り麦が筆頭にあげられるだろう。炒った麦がそのまま食用（チベット）となり、それを製粉するとイリコとなる。イリコは日本から古代中国、チベット、インドの古代と現在、それから近東では聖書の中に、北アフリカおよび西ヨーロッパでのいろいろの推定などから、その存在が認められる。最も古いものが、一番広い範囲の分布圏をもつという一般的法則にてらし、これが麦類の料理法の最古の方法、あるいはその一つであったと推定して安全であろう。近東地方から栽培された小麦、大麦がインド、チベット、中国へと伝播をしたのは料理法の上からみると、炒り麦料理法の段階でおこったと考えられる。その後、歴史時代の間に、チベットは古型のまま残ったが、中国ではマントウ、ウドンが主食となる進化がおこり、インドではチャパティが主食となる進化がおこったのであろう。

この進化は一面において、麦類の中で、大麦から小麦への重点の転換の歴史でもある。炒り麦、あるいは粥としては、小麦よりむしろ大麦の方が好まれるもので、インドの古代アリアン民族は大麦を主作にし、中国でも古代の麦は大麦を主とし、小麦の字はやっと漢代から出てくる(112)。いっぽうヨーロッパでも、新石器時代の中期以降は大麦が増加し、中世までは大麦の栽培が多かった。エジプトの古代では、小麦と大麦がともども栽培されたが、現代はほとんど小麦ばかりになってしまった。この歴史的時代における旧世界で文明地域に一般的な農業上大麦から小麦への転換は、一面麦の料理法の転換でもあったわけである。

農耕作業上からみると、小麦よりむしろ大麦の方が栽培、収穫が容易であるといってよいだろう。大麦は一般に小麦より早熟であり、粒も大きくて、収穫は安定性がたかい。古代農業が大麦を主作とした傾向は当然のことである。大麦、小麦以外の麦類をみると、燕麦はその粉質がどちらかといえば大麦に近く、粥食に適しているが、燕麦粉はウドン加工はできる。ライ麦は北欧で発達したが、ライムギ粉は小麦粉とともに、すぐれたパンに加工ができるという穀類としては珍しい性質のものである。ついでながら、他の雑穀類やトウモロコシでも、パン加工に適したものは一つもない。

麦類の料理法の古型として、炒り麦がまず最初に考案されたが、それとともに古いのは、粥食とバルガー型加工料理法であろう。これらのうち、粥食は西欧、地中海地域に顕著に存在した様式であり、インドでも古代に盛行した方法であるが、中国でもそうであった。バルガーは近東、北アフリカに局限されている。これら三方法の麦の食べ方が、古代的な麦の料理法であると言えよう。そしてこれらは、いずれも小麦よりもむしろ大麦が、その用途に適している点にその特色が共通している。

次の段階では、小麦の製品が登場してくる。中国のマントウ、ウドン、ピン類など、インドのチャパティ、西アジアのナン、アラブ圏のアラブパン、西欧の皮パン、それにタンナワーなどのごとく、いずれも小麦栽培地域に、分布上近東、西アジア地域で重複するものもあるが、だいたい地理的に分かれて存在している。簡単に言えば、これらは麦栽培地帯内で、各個がそれぞれ独立的に大麦時代から小麦時代へと移行しながら、発明発展させてきたものと考えられよう。これらの小麦製品のなかで、純粋に非醗酵の食品は、中国のウドンとインドのチャパティとその系列の食品だけで、他は総て醗酵食品になっている。これは言うまでもなく、非醗酵型がその初めで、それがだんだん醗酵型に発達したと考えてよいだろう。

小麦の醱酵型加工となると、小麦の粉質に対して強い要求性がおこってくる。非醱酵型のチャパティでは、大麦、雑穀などの混合が容易にゆるされ、アタとして広く使用されており、醱酵加工のタンナワーも雑穀粉が容易に混ぜられるものになっている。しかし、ナン、アラブパン、西欧の皮パンとなると、いずれも小麦粉の粉質に対して、要求度の高いものになってくる。この三種のパン類似物を比較すると、西欧皮パンの高級品を別格として、一般的にはナンとアラブパンの二つがより粉質について要求性が高いもので、その中でもナンが一番むつかしいものである。ナン食用地帯で、新種の増収小麦品種や輸入小麦の不評がよく聞かれるのは、ナンの粉質に対する強い要求性のためである。ナンをつくるには、小麦粉は強力粉というだけではだめで、ドウがほどよく弾性がなくてはならない。あまり強力な粉のドウは、彼等の言を借りれば、ゴムのように伸ばした時にもとへもどってしまって、うまくナンがつくれないことになる。何でもなく見えるナン製造は粉質からみると非常にむつかしいものである。もしパン類似物の中で、最も発展段階の高いものは、最も粉質に対する要求性の高いものであるとすれば、その逆の言い方で、西欧風の高級パンとナンが一番高い段階のものと言えよう。

3　雑穀の料理

アフリカの雑穀料理　雑穀というものは種類が非常に多く、その中にはアフリカの局地、あるいはインドの局地のみに在るものがあり、植物学的にははなはだ複雑なグループになっている。雑穀はもともと、アフリカのサバンナ地帯から、インド、中国にわたる地帯で主に栽培されており、近東、地中海沿岸地域、東部ヨーロッパなどにもいくらか見られる。雑穀類はいずれも夏に生育期を持つ夏作物であって、典型的には冬作物である麦類と顕著に対比されるものである。雑穀の利用上の特色は、いずれも粒が小さいということからくる制約である。雑穀には、麦類で基本的であった炒って食べるという料理法が、すこしの例を除いては一般的でない。穀粒を炒るのには、原始的には焼き砂をもって炒る方法があるが、これは穀粒が砂粒のように小さい雑穀では、炒った後に砂と分離することができないので、実用困難である。ただ陶器や金属の鍋が出てきた後には、それを使って炒ることもできるはずであり、そうした食品もあるが、しかしそれは一般的でない。

雑穀栽培の農業はその始原として、多分アフリカのサハラ砂漠の南方のサバンナ地帯にあるニジェール河附近に発生したものであろう(113)。アメリカの民族学者マードック(114)によれば、それらは多分マンデ系民族によって創められたとされている。このマンデ系民族の雑穀料理は、例えばその中に入るマリンケ族（コート・ジボワール）では雑穀を臼の中に入れ、たて杵でついて粗く製粉し、これをかために煮て、再び臼でついて餅状にして食べる。(115) 同じようにマンデ系民族であるマリーのバンバラ族は、トージンビエ、モロコシなどの粉からつくったダンゴを主食とする。(116) これらの例はいずれも雑穀粉をつくり、それをかために煮て、ダンゴや餅状にして食べている。

アフリカのギネア湾に面するリベリア附近からナイジェリアにいたる地帯は、民族学上ヤムベルトと呼ばれている地帯で、ヤマノイモに類したヤムイモ類が大量に栽培され、それが主食となっている地帯である。ここのヤムイモの料理法がまた、雑穀料理法と大変関係が深い。それはヤムを一度煮てから、臼の中に入れ、たて杵でついて餅状にする。これはフウフウと呼ばれる料理である。(117) ヤムイモは煮たらすぐ食べられるのに、わざわざそれを杵でついて、餅状にするところは、マリンケ族の雑穀料理に非常に近接したものと言えよう。ヤムイモだけでなく、新大陸から導入されたマニオクでも、あるいはその地に栽培の多い料理用バナナまで煮てから杵でついて餅状のフウフウにして食べることが多い。フウフウはイモ類だけでなく、むしろ根元的には多分雑穀料理法であったのだろうと私は推定している。

アフリカでフウフウ以上に、広い範囲に伝播している料理法はウガリである。ウガリ（スワヒリ語）はやはり雑穀料理法であるが、トーモロコシや、マニオクのイモの乾燥粉末でも作られている。だいたい東アフリカに広く普及している。例えばタンザニアのイラク族は、ファーと呼び、トーモロコシ、モロコシなどの雑穀粉を、鍋の中で沸騰した湯の中にすこしずつ入れてこねあげてつくる。これはかためのコナガユである。(118) ウガンダのバケニ族、テソ族もほとんど同じものをつくっていると報ぜられる。(119)

以上の例を通観すると、雑穀の故郷アフリカのサバンナ地帯の雑穀料理法がうかびあがってくる。それはまず第一に粉食であること、そしてその粉にはイモ類の粉でもよいという適応力がある。第二にウガリに典型的に見られる湯立ての煮方で、できたものはかためた粥、あるいはコネモチ状のものである。フウフウは加熱後に積極的に杵でついて、餅状に仕上げたもので、これにはイモ類、バナナまで使用が拡張されている。ダンゴ状にするのも、これらに近い料理法と見られる。アフリカにおけるこれらの雑穀の料理法は、雑穀料理の基本として、次に述べるインドの場合にほとんどそのままあてはまるものである。

エチオピアのインジェラ　アフリカの雑穀の食べ方には、前述のウガリ、フウフウ、団子と全くちがった食べ方が一つはっきり存在する。それはエチオピアのインジェラである。

エチオピア農業の主作物はテフと呼ばれる雑穀で、これはエチオピア以外には、世界のどこにもない珍しい雑穀である。テフは日本のカゼクサに近縁な種類で、だいたいカゼクサが一年生になったものと思えばよいだろう。丈は低く、穂がでても、四〇—五〇センチの高さのもので、生長が速く、短い雨期が有効に利用できるという農業上の特色がある。穀粒は非常に小さいもので稞性で容易に穀粒のみを集めることができる。色は赤色が基本だが、白色その他中間色の品種もある。

このテフの料理がインジェラである。エチオピアのマラソン選手アベベがオリンピックのマラソンの勝者になった時、彼はインジェラを食べてスタミナを養ったという談話が新聞に出ていた。このインジェラはテフの粉からつくる。そのつくり方は、エチオピア宮廷女官になった松本真理子、福本昭子さんがうまく書いている。(120)

〝主食はインジェラという、桜餅の皮を大きくしたようなものである。原料のテフはこまかい穀物、黒と白と二種類ある。それを粉にして、水でドロドロにとき、醗酵させておく。ゴリッチァと呼ばれる石を三つおいただけのかまどに、シナ鍋をもっと大きく、もっと平たくしたような鉄鍋(ムタッド)がかけられる。

干した牛糞がくべられ、鍋があつくなると、いよいよインジェラ焼きにとりかかる。醗酵したドロドロのテフを、小型の片口(カタクチ)にとりトロトロトロトロと、うずまきを描きながら流して、直径五〇センチほどの円型のおやきを形づくる。特大の土鍋のふたがかけられ、四—五分たってあけてみると、桜餅の皮のような肌のインジェラがホカホカ湯気をたてて、焼きあがっている。ふつうはこれ一枚が一人の一食分である〟

インジェラの皮の表面は表側に泡の消えた跡をのこすつぶつぶの形がある。これは醗酵のためできたガスが逃げたあとであろう。味はかなり酸っぱいものであるので、その醱酵はイースト菌でなく、別な醱酵が主力となったもので、私は多分乳酸醱酵ではないかと想像している。

インジェラの加工はどういうものであろうか。それはかなり簡単に指摘できることがある。近東地中海地域にタンナワーという小麦の加工法があることはすでに述べた通りである。インジェラは製品の外観も、そのつくり方も、タンナワーに大変良く似ているし、その分布圏は隣りあっている。エチオピアが、タンナワーのつくり方を学び、それを自分の所のテフの粉に応用したまでのことであろう。タンナワーは純粋な小麦粉だけでなく、雑穀大麦などの粉を混ぜることが多いことを考えあわすと、エチオピアのインジェラは容易に理解できるだろう。タンナワーも醱酵食品でありインジェラも醱酵食品である。ただインジェラの場合には醱酵菌の種類が変ってしまっていることくらいが指摘できる程度であろう。いわばインジェラはタンナワーの項のところで、極端な例として書いた方が適当だったかもしれないほどのものと言ってよいだろう。

インドの雑穀料理とトーモロコシ　インド文化圏は雑穀の非常に多いところである。モロコシ、トージンビエ、シコクビエ、キビ類などのほか、トーモロコシもまた大量に栽培されている。ヒマラヤの中腹まではインド文化圏に属していて、ここでも雑穀は稲とならんで重要な作物である。

ヒマラヤ山脈の中でもネパールは人口の多いところだ。ネパール・ヒマラヤを登山や探検のため旅行すると、荷物を輸送するために多数の人夫を雇い、背でかついで運ぶ。その人達は日当を支払われ、食糧は自分持ちである。荷物の重量は三〇キロが標準で、その上に自分の寝具、食糧、鍋を加えて四〇キロほどを、たいていの人夫はかついでいく。彼等の食事は朝晩二回で、米や間食用のチューラもあるが、人夫の一番普通な食糧はトウモロコシ粉である。

人夫たちはめいめいたき火をして、鍋に湯をわかし、煮立ってくると、すこしずつトーモロコシの粉をその中に入れ、棒でかきまわしながら、かための粥に練りあげる。それは全くアフリカのウガリと同様である。これはコナガユを湯立てでつくると簡単に表現できるだろう。おかずは塩とトーガラシの粉だけというのが普通だ。ネバール・ヒマラヤの中腹は、稲のできない所はほとんどトーモロコシ畑である。その中にはポップ・コーンも相当あって、これはもちろんポップさせて食べている。

アフリカでもインドでもネパールでも、アメリカから伝播したトーモロコシのほとんどはこうした料理法で食べられている。トーモロコシはアメリカから伝播するとき、そちらで食べていた料理法が一緒に旧世界に伝わったのかどうか、その問題をすこしここで考察してみよう。

アメリカにおけるトーモロコシの食べ方をみると、ペルー、ボリビア、チリーなどのインカ文明の故地は粒状のまま煮たツブガユにして食べるのが一般的であった。[121] 北米から中米にかけては、荒びきした粉を煮るアラビキガユが見られる。これは現代アメリカ英語にすると、コーン・ミール[122]というわけである。そしてコーン・ミール地帯にもう一つの変ったトーモロコシの料理法が広くみられる。それはホーミニイ[123]である。ホーミニーはトーモロコシの穀粒を灰汁の中に浸たし、軟らかになったものを石臼でつぶし、澱粉質のところだけを集めてそれを加工する。アメリカ南部の田舎風のコーン・ブレッドも、このホーミニー系の食品である。メキシコなどでは、ホーミニーを直径一〇センチのセンベイ状に焼いたトルティヤと呼ばれるものが普及している。ホーミニーは穀粒を灰汁につけて吸水させるという非常に興味深い操作があって、その後で湿式製粉をするわけで、どことなく米からつくるシトギの製法と一脈通ずる点がある。

アメリカのトーモロコシの食べ方と、トーモロコシが伝わった旧世界での食べ方とを比較するとコーン・ミールと、アフリカ、インドのウガリなどのコナガユとはよく似たものであるが、これは食べ方の伝播を示すことにはならないだろう。旧世界にも、トーモロコシの輸入以前から雑穀の食べ方の主流として、コナガユ型が普及していたのだから、旧世界では、その方法を新来のトーモロコシに応用しただけのことと見る方がよい。そして、南米のツブガユと北米のホーミニーは全然旧世界に伝わらなかったのだから、トーモロコシは作物として単独に旧世界にまで拡がったもので、その時料理法はくっついてともに伝播することはなかったという結論にしてよいだろう。

インドにおけるたくさんの種類の雑穀、たくさんの種類の民族における、一つ一つの雑穀料理法の詳細は、とうてい未だ情報をそろって得ることはできない。しかしだいたいはコナガユとして食べているとみられる。例えば中部インド高原のムンダ系民族であるパーリア族(124)ではモロコシ、トーモロコシを手廻しの石臼、またはたて杵で製粉し、広口土鍋に熱湯をわかした中に投入し、よくかきまわして粥としたものはジャッグーと呼び、日本の飯と同様に食事の意味に用いている。これは典型的ウガリ式料理法である。パーリア族で面白いのは、ピッタンと呼ぶチマキのあることである。それは雑穀粉をよく水で練って、木の葉に包み、蒸し器の中で蒸してつくるチマキである。チマキ類は中国で大発展をとげるが、それはインドの原始的な焼畑民のなかに、すでに見出されるものである。

雑穀料理をインド古代にさぐってみると、驚くほど資料がとぼしい。米、大麦、小麦、豆類の料理は実にたくさん記録されているのに、雑穀料理は一つしか指摘できない[125]。それはクルマーサ[126]と呼ばれるもので、多分ドラビダ族が主につくったものとされ、劣等な穀類すなわち雑穀を煮た粗末な粥とされている。これもやはり粥であって、ウガリに近いものと想像してもよいだろう。

中国の雑穀料理　中国はインドにつづく、雑穀の大栽培地域である。黄土の上に華開いた古代中国の文明はアワ、キビが主要作物であったとされ、その後モロコシ（コーリャン）とトーモロコシが加わっている。現在の中国のこれらの雑穀類の食べ方は二種類あって、そのともどもが普及している。一つは粥で、大粒のトーモロコシ以外は主に精白したものをツブガユとして食べる。トーモロコシだけはアラビキガユのようである。コーリァンのように苦味の多いものでも、よく精白して、二—三日間煮ると非常にうまい粥になるという[127]。雑穀粥の中でも、キビでつくったものが一番高級品であるとされている[128]。このように中国でも、雑穀類の半ばは粥とされ、アフリカ、インドの場合に似ているようであるが、アフリカ、インドはコナガユの形であり、中国ではツブガユの形態を主にとっている点でそのちがいが指摘できる。

現代中国における雑穀料理法の他の一半は粉食法である。その料理法は穀粉を水で練ってかため蒸気で蒸す方法で、コナガユではない。こうした方法でつくる代表的製品はウオトウ（窩頭）であろう。ウオトウは直径一五センチばかり、高さもそれくらいの円錘型で、底に凹ぼんだ穴がある。これは形づくる時、親指をそこに入れ、まわしながら形成したあとである。セイロの中に、ウオトウがずらりとならんで蒸しあがって来た光景はちょっと異様な感じがした。ウオトウはさまざまな穀粉からつくるが、コムギ、キビ、アワ、トーモロコシ、コーリァンの順に品質が順位づけられる。とはいっても、コムギはマントウやウドンにする方が好まれるので、ウオトウは実質的に全く雑穀の料理法である。私は金のない時にトーモロコシのウオトウを買って食べたことがあるが、おせじにもほめられない食味であった。

これらのほか、私が中国で経験した雑穀料理にチマキがある。山西省の黄河の岸で、黄河のアシの葉でつつんだアワのチマキを食べたことがある。その中にはホシナツメの餡が入っており、全体が甘くて非常にうまいものだったとの記憶がある。

古代中国の記録を調べると、現代中国の雑穀料理の祖先型がよくわかる。(129) 中国古代の雑穀の製粉したものはジ（餌）の名前で登場してくる。ジは中国で一番古く現われる食品で、それは小麦粉製品であるピン（餅）より古い文献にでてくる。周代の末に近い頃の文献と思われる『周禮』の中にこの文字が現われてくるという。その後の文献からみると、雑穀粉であるジの料理法としてはカオ（餻）とトアン（團）の形として食べられていたらしい。カオとは蒸したもので、日本のヨーカンなどその中で特殊化したようなものと考えればよいとされる。大型のボッテリした蒸しものである。これを小さく円くするとダンゴで、トアンになる。現代のウオトウは、この中間的な製品であるといえよう。

チマキ（粽）類は中国には非常に種類が多い。篠田統氏[130]は北京滞在中にいろいろのチマキを比食して楽んだという。その時、関東風というチマキは四角く、豚の脂肉が入っており、おまけに灰汁で煮てあるので、大変風味が変っていたという。このようなチマキは日本にもあって、鹿児島のアクマキがそうである。米を原料にし灰汁で煮たこのアクマキは茶色で半透明、異臭がある。延喜式のチマキの処方には灰汁がでてこないから、近畿地方には古代からこの風習はなかったのだろう。

チマキ類は今の日本では主に米の粉が使用されているが、中国のそのはじめはジ、すなわち雑穀粉の製品であっただろうと私は推定している。現に私は黄河の岸でアワのチマキを食べているのだ。そして、前に述べたように、インドのパーリア族は雑穀でチマキをつくっている。これらを考えあわすと、チマキは多分インドで発生し、雑穀がインドから中国に伝播する時にその料理法の一つとしてともに渡来したものであろう。そしてチマキ製法に二種類あって、蒸してつくるものは華北に、灰汁で煮る方法が華南にあって、それが日本の鹿児島のアクマキになったのであろう。

日本の雑穀料理法は中国型と簡単に見做してよいだろう。例えば石川県白峰村のヒエ飯は、粒のまま湯立て法で煮て、べたついた粥のようなものである。(131) つまりツブガユ型の飯である。また東亜では雑穀に対し、麦類の基本的料理法である炒る方法が適用される例がみられ、モンゴルのバタアや日本のコガシの例はその項ですでに述べた通りである。

4 穀物料理の一般法則

材料発散過程と収斂過程の法則　これまでに米、麦、雑穀など、いろいろの穀類のいろいろな民族による料理法のバラエティを、できるかぎりその起源について考察してきた。それらを考慮してこれから料理法の通論を考察してみることにしたい。その時は、穀類以外のものも必要に応じてだきあわせ、いわば一種の料理通論的に考えてみることにしたい。

まず初めに問題にしたいことは、料理法と材料の関係である。ここに一つはっきりしたことがある。一つの材料、例えば米、あるいは小麦の料理法は、同一民族の中でいろいろある。例えば中国北部では小麦粉はウドンとマントウがほぼ同一量ずつつくられている。つまり一つの材料は一つの料理法とのみ同一民族、同一地域でも対応していないということである。つまり一つの材料からいろいろの料理がつくられているということになる。

同じようなことは、一つの料理法を中心として考えてみても、同一の材料からのみつくられているとは限らない。中国のウドンは主に小麦粉からつくられるが、華北の西北部の辺境になると、その地方で多量に栽培されている裸燕麦（莜麦、ユーマイ）の粉からもウドンをつくる。燕麦粉からつくったウドンの方が、その地方の人々は腹もちがよいと言って、小麦粉のウドンよりその方を尊重しているくらいである。またインドのチャパティは小麦粉が標準であるが、中に雑穀や豆の粉を混ぜたものが貧民の間で普通になっている。ヨーロッパ中世では小麦粉のほか、ライ麦、大麦などのパンが平民の常食であった。パンの材料は、小麦粉以外のものがかつて大量に使用された歴史がある。このように一つの料理法に対し、その材料の方も一つだけでなく、多種類が対応していることは普通にみられる現象である。

一つの料理法に対し、その材料の種類が増してくることを、材料が発散したという語を用いよう。これに対して、一つの料理法に対する多種類の材料が、数すくなくしぼられてその数が減少することを、材料が収斂するという表現を用いたい。同じように、一つの材料に対し、料理法の種類が増すことを、料理法が発散したと言い、料理法が数すくなく、しぼられることを、料理法が収斂したという言い方を用いることにする。

典型的に料理法が発散しているのは西アジア、北アフリカにおける麦類、特にコムギの料理法である。それらの地方では小麦は粉にして、それからナン、タンナワー、アラブパン、バルガーなどが平行的につくられている。カイロの町ではさらにフランス風のバケットも相当多量に見られるという(132)。この地域は麦類の起源地またはそれに近接した地域で、そこにはこのような麦類のバラエティに富んだ料理法が存在している。

同じようなことは米について、インドで言いうる。インドの米の料理法は、米の飯として湯どり法、後期炊干し法のほか、パーボイル加工、チューラ、パーチト・ライス、パーチト・パディ、プラオと、はなはだ多彩な米の料理法があって、米の料理法としてはシトギ類だけが見あたらないだけである。つまりインドは米の料理法がはなはだ美事に発散している地域であり、かつ稲の起源が植物学的にインドであると考えられている地域でもある。つまり麦、米ともども、その作物の起源地に、それを材料とした料理法の発散がいちじるしく認められるというわけである。

この米や麦の起源地のインドや西アジアで、それぞれの作物の料理法がいちじるしく多様化が認められることは、当然の結果であろう。それを栽培化し、その規模を拡大しながら、農業時代に入り、主食としてそれらを食べはじめた頃に、その人達はいろいろな料理法を試みたことであろう。稲や麦を野生から栽培植物へと開発していった過程は、また一方ではその料理法をいろいろと開発していった過程とも言うことができるであろう。つまり料理法の発散は、その材料となる稲や麦の発展期にそのもとを求めることができるであろう。料理法の発散は、その材料の発展期におこるものである。

しかしインドや西アジアで料理法が発散したものが、そのまま現在の状態とは言えない。インドの米の料理法は、事実上主要部分は湯取り法の飯になっている。また西アジア、北アフリカの麦の料理法は所によってナンかアラブパンがそれぞれ主要なものになってしまっており、明らかに、収斂は発展期の発散以後におこったものと認めてよいだろう。発展期には発散、その後と、どちらかと言えばピークを過ぎた衰退期にかかって、収斂過程が明らかに認められるのが一般的傾向と言ってよいだろう。この発散と収斂の条件は、一つの料理法を中心に見て、その材料の発散と収斂の場合にも共通して見られる傾向であると言えよう。

雑穀の料理に、コナガユ、ツブガユのほか、分布のひろいのはチマキ類である。ところがこのチマキは、中国、日本などでは、日常食としての地位は非常に低いものになり、特別な祭日用として残っている。元来チマキは、さまざまな雑穀の粉からつくられたと考えられ、その時は材料が非常に発散していたわけである。その発散は米にまでおよび、今になると、日本ではチマキは米に収斂してしまっている。これはチマキが衰退期に収斂がおこったとしてよい例であろう。

日本の味噌は『手前味噌』という言葉にみるように非常にバラエティに富んでいる。しかし日本の味噌を材料から見ると、大豆味噌、米味噌、麦味噌の三種類に分けられるだろう。味噌は元来大豆のものが本則であったのだろうが、日本で味噌が普及する発展期に、米麦へと材料の発散がおこったものと解することができる。そしてそれが、現在でもまだ収斂が充分行なわれていないといったわけである。もう一つ、スシは東アジアでは歴史も古く、分布もなかなか広いものであるが、〔133〕それらはいわゆる馴《な》れずし系統のものである。それに対して徳川中期から、特に明治以後に大発展したのは東京風（江戸前）の握りの早ずしである。この握りずしは、そのたねが、マグロ、コノシロ、赤貝などのほか様々な魚介類におよび、キュウリ、卵焼き、たくあんやウニまで使っている。握りずしという一つの料理法に対し、材料の方は非常に発散していることは、なれずしの時には思いもおよばない、美事というほかない感じがする。これは全く握りずしの発展期の産物である。

変った例としては、コンニャクをとりあげてみよう。コンニャクはその芋の中に含有するマンナンが石灰汁で固化されたという、はなはだ変った料理加工法である。コンニャクの原植物の近縁種は、東南アジアからインドにわたって数種類は存在している。そのうち多くは野生であり、あるものは栽培植物となっている。栽培種となった有名なものはインドコンニャクという種類であるが、これはその芋の中にマンナンが無くて、澱粉質の芋として食用されるものである。つまり植物学的にコンニャクの近縁種の中には、澱粉質の芋のものと、マンナンを含む芋のものと両方がある。

このようないろいろなコンニャク植物が存在しそれの利用がみられるのは、ビルマが第一であって、シャン州北部がその一番重要な地域である(134)。ここではコンニャク植物は土語で『ワッツウー』と呼ばれ、略称A、B、Cの三種がある。このうちBは栽培され、この芋からは『ワードン』と呼ばれる日本のコンニャク加工品と同じものをつくることができて、市場に売り出されている。A、Cは澱粉質の芋と考えられる。ビルマではコンニャク植物はこの三種が食用とされたが、その中で料理加工法はコンニャクづくりに収斂し、そのため当然材料もBに収斂されてしまったと見做してよいだろう。コンニャクは陸続きの中国の雲南省、四川省、湖南省でマンナンの特性を活用した日本と同じような加工品がつくられている。日本のコンニャクは中国中西部のものに直接連続するものであり、典型的な照葉樹林文化の一つである。コンニャクの歴史は収斂したまま長くつづいた歴史であると考えてよいだろう。

コンニャクのようにきわめて特殊なとも考えられる食品を離れて、ここで、穀類全体が人間の食品として発散しているか、収斂しているかの問題を考えてみよう。まず第一に見てわかることは、穀類の種類がきわめて多いことである。稲、小麦、大麦、燕麦、ライ麦、アワ、キビ、ヒエ、トーモロコシ、モロコシ、シコクビエ、トージンビエといったぐあいに、世界の雑穀類を数えあげていくと、まだまだたくさんの種類の栽培がある。つまり穀類の種類はきわめて発散してしまっているようである。

ところがこのたくさんの栽培されている穀類は、その全部が文書のある歴史より古いものばかりである。文書の歴史時代には唯の一種の穀物も人間の農業の中に追加されたものがない。つまりわれわれが現在知っている穀類はその全部が金属使用以前の石器時代に野生から栽培へと転化し、その後文明文化の進歩とともに、生きのこり改良されてきたものばかりで、新たに追加がおこっていないという事実がそこにある。人類の歴史の中のある一時期、それは多分旧石器と新石器の間にあった中石期時代にだけ、人類は野生の穀物から栽培種の穀物をつくりあげ、家畜をつくりあげたのである。このような行為はそれ以前の旧石器時代にはもちろんおこっておらず、またそれ以後の新石器時代、鉄器時代、文書歴史時代にも、こと農業の基本たる穀物に関する限り再びおこらなかったということである。

それ故、今日の多種多様の種類の穀類の存在は、中石器時代、農業開発のはじまった頃の大発展期の発散の残像として存在しているものである。それでは文書の歴史時代に何かおこったのかと言えば、穀物の種類の収斂が進行した過程として摑みうることになる。これは産業革命以後スピードを増しており、特に北半球の温帯地域の文明国に収斂が顕著に認められる。ヨーロッパでは、中世には大麦の栽培が多かったが、現在は人間の食糧としては大麦栽培はほとんど消失してしまった。ただ大麦は飼料用、醸造用にのみヨーロッパで栽培されている。ライ麦、燕麦は主としてヨーロッパ世界にのみ固有な麦類であるが、これらの麦類は人間の食用としての重要性は小麦にどんどんおかされている。ヨーロッパの農業は人間の直接食用としては、穀類は小麦にどんどん収斂しつつある。また日本の場合をみると、徳川時代、明治初期までは夏作の雑穀のアワ、キビ、ヒエなどがきわめて多く、多くの農民は米を栽培しても、米が食べられずにこのような雑穀を主食的に食べていた。ところが、現在になると、日本人は米を主食として食べ、雑穀のアワ、キビ、ヒエの栽培は日本の中から事実上無くなってしまっている。すべては米に収斂してしまったのだ。日本の麦類をみると、最近まで大麦、小麦がともども日本で栽培されてきたが、大麦はここ十数年間に減少がいちじるしいのが目立っている。日本では麦は米飯の増量用として大正年間から戦前までは目立った存在だったが、戦後食糧事情の良好化とともに、大麦を混ぜた飯は急激に減退してしまい、したがって人間の食用としての大麦は急激に栽培が減少した。一方小麦は日本人の使用の増大傾向にもかかわらず、日本産小麦が製パンに適さず、輸入圧力の大きい事などもあって、これも栽培減少の傾向にある。大づかみに言えば、日本でも穀類は収斂過程が認められ、戦後最近にいたって特にそれがはげしくなっていることがわかる。

アフリカ、インド、中国などではなはだ多様の雑穀が現在も多量に栽培されてはいるものも、そこでもゆるやかながらその種類の収斂がおこっている。このように世界各地とも、遅速の差はあるにしても、人類の歴史段階としてみると、穀類の種類は明らかに文書以後の世界は収斂の過程に入ってきていることになる。

この文化文明の進展とともに進行している穀類の種類の収斂化は、その収斂された小数の穀物の種類では多様化と、利用面の発散がその内側では同時におこりつつある。麦類では現在も発散がおこっている。ケーキ、クラッカー、ビスケット類の発達、あるいは最近日本ではじまった即席ラーメンの発明と普及などはすぐ気づく点であろう。発散は発展期の過程という法則にてらしてみて、小麦の局地的発展がそこに見られたということになる。小麦ではこのように局地的発散があるが、ひるがえって米はどうだろう。最近日本ではうまい米という要求が高まっているが、これは米の高度化の要求と見做しうるだろう。高度化は現象として、発散過程でなく、収斂過程の現象である。つまり日本では米に対して高度な収斂への要求性がおこりつつあるのである。これは発展期に発散、ピークと衰退期に収斂するという法則性にてらしてみると、米の将来を占う重要な鍵になるであろう。

穀類の料理法の発達の現在までで、そのピークが西欧の食パン、バケットに代表されるパンと日本の米の飯であるとすると、事態はなかなか重大である。この両者ともに、非常に収斂されつくした食品であるということは、またとりもなおさずに、その非常な高度化にもかかわらず、衰退期に一歩ふみこみはじめているると判断してよいだろう。そこではパンや米の飯が主食の地位から、従属的な食品へと後退しつつある。肉、乳製品その他がテーブルの上を占め、主食の地位は必然的に低下してくる。現に日本では、肉や魚の料理法はともにはなはだしく発散している。こうして、多分明日の人類は、文化文明が今までのペースで発達し普及するならば、大農業時代の穀類食の時代から、雑食の時代へと進行していくことになるだろう。

複合伝播とエレメント伝播の法則　料理法や穀類が一つの地点から、別の地点へと伝播するものであることは当然の現象である。このような伝播がおこる時、料理法や穀類は相互に無関係な伝播をするか、あるいは相伴ったものとして伝播するかといった問題がこの章の課題である。つまり、ある種の穀類は、その穀類の料理法と一緒になって伝わるものかどうか。そのさいに、穀類料理法の名称は一緒に伝わるかどうか。あるいはさらに複雑な文化現象が随伴するかどうか、という問題である。このことは人類学の上では『文化変容』(135)と呼ばれている現象の一部をなす問題でもある。

私はすでにこの本の中で、稲の料理法の章の終りの方で、稲の原産地インドにおける稲の呼称の段階に応ずる、インド、東南アジア、中国、日本などの料理法との関係を分析した結果を提示しておいた（図1）。その中で、稲としては最古層のニバーラ段階がn-音語系として、東南アジアから日本まで見出され、そこではチューラ、粥があり、島嶼部では前期炊干し法などが結合していることを見出している。これは多分アジアにおける最初の稲という栽培植物の第一回伝播に対応するものと考えられる。そしてこの時には、稲という栽培植物、その呼称（n－音語系[51]）とさらに料理法の三者が結合して伝播したと見做しうるということになる。そのほか水田農作法などの農耕技術上の問題も考えうる。これを要するに、稲の第一回伝播は、呼称、料理法などと複合したままの伝播がおこったのである。

インドにおける稲の呼称のブリヒ段階、サリー段階における東亜各地への伝播は、おそらく栽培植物として、第二回あるいはそれ以後の伝播であったと考えられ、それは各種の要素の複合度の低い形で伝播したものと推定できる。ここで特に朝鮮の場合を考察してみよう。朝鮮の飯の作り方は日本と異って湯取り法を特色としているが、稲の呼称を見ると面白いことに気づいてくる。朝鮮では稲の俗称としてササール[136]という呼び方が広く使用されている。日本の一部で白米を『銀シャリ』などと呼ぶのはおそらく最近になってからの朝鮮の影響であろう。このササールはインドのサリーと非常によく似ている言葉であるが、ただ飛びはずれた土地に出てくるのが問題である。ところが、サリー段階の米の料理法が湯取り法が標準になると考えられることと結んで考えると、朝鮮はこの二つがうまい工合に存在している。こうなると朝鮮のササールは一概に偶然の一致とも言えないであろう。もし湯取り法の地帯の中国の華北に同様な呼称があれば、説明は容易になるが、いまのところ中国ではS－音系の呼称はシーアン[137]一つしか見あたらずうまく連続しない。けれども朝鮮の場合、料理法と呼称との複合伝播を受けた可能性は否定できないと私は考えたくなっている。

ついでに朝鮮のモチについて考察しておきたい。朝鮮には日本のモチのような米の加工品のバラエティが豊富にあり、その変異の大きいことは日本以上である。すなわちモチについては大変に発散している文化を朝鮮は持っている(138)。ところがこのモチに関してその呼称を見るとトトックとヒヨンの二つの語があり、前者が典型的なモチであるに対して、後者は米粉からつくったダンゴより大型の蒸し物と見てよいだろう。これらの呼称のトトックもヒヨンも日本語のモチと発音的には全く一致点は考えられない。その上朝鮮には米を水に浸してから粉にするというシトギの類がないようである。日本のモチはシドギの系統のものと先に書いておいたが、どうも朝鮮のモチと日本のモチとは相互に関係のないものと見てよいだろう。もしモチが朝鮮から日本へ渡来したとすれば、何らかの程度に複合したものがあるのが当然と思われるのに、それがみつからないのである。

麦類の原産地は地中海の東岸地域で、近東からコーカサスにいたる地方で野生植物が栽培化されたことが植物学的にたしかめられている。この地方で栽培化された麦類は栽培植物として、新しい生活方式、すなわち農耕生活という大文化革命を伴いながら各地方へ伝播した。それはエジプトに伝播し、古代エジプト文明を築きあげ、地中海地域の古代文明をつくりあげ、ヨーロッパに伝播してヨーロッパの新石器時代をつくりあげている。一方麦類は東方へも伝播した。インド、チベット、中国へと伝播している。この麦類の東方への伝播は、麦とともに何を複合させて伝播したのであろうか。

この麦類の最初の伝播では、料理法として穂焼きと砂焼きのイリコづくりと粥が伴ったものと推定される。論拠はすでに述べた通りである。すなわち東方への伝播は、麦類料理法として粥、イリコの段階におこり、それらが複合しながら伝播した跡が歴史文献上、あるいは現状で見られるのである。これに対し、パン型の醱酵品はその時には見られず、中国の醱酵マントウは後代における独立した発達品である。

麦類の近東から各地への第一回伝播に粥とイリコが複合したと推定されるのに対し、麦の呼称の伝播は今のところ全くみられない。これは麦類の呼称が全く複合して伝播しなかったのでなく、多分長い年代の間に呼称が変化してしまったからではないだろうか。逆説的な言い方をすれば、文化変容を受けるとき、呼称と料理法の実態そのままとを比較すると、前者より後者の方がより恒存性が高いものであることを意味するのであるということにもなろう。つまり名前より実質の方がよく伝播し、名前より実質の方が長い年代にわたって、よく安定して受けつがれる傾向があるということである。

稲でも麦でも、栽培植物として第一回の伝播のときは、このように栽培植物じたいと、その料理法、呼称までが複合して伝播しやすいのに対し、第二回以後の伝播では複合度を減じて伝播しているようである。パン小麦の伝播はインド、中国、チベットにおよんだが、それはパン焼きと複合していない。パン小麦は小麦の中でも植物進化史的には後期の発生であり、パンそのものは、パン小麦の存在しなかった古代エジプトでも、エンマー小麦からつくられていた。つまりパン小麦とパンづくりとは独立して別々に伝播したものである。つまり大麦、小麦などの麦類はその中にきわめて多様な種類が含まれており、それらが混合集団として一度だけ伝播をおこしたというわけでなく、何回も複雑な伝播があったのであろうと推定できる。それらのさいは二回目以後はおそらく、他の要素との複合度のすくない形で伝播するのが一般的な様相と考えればよいだろう。このことは料理法を中心において考えた場合でも全く同様に見てよいだろう。

平行進化の法則　東アジアの米の炊干し法による飯は、その歴史的変遷の過程から、二つに分けられることはすでに述べたことである。一つは粥から、水をすくなくして炊いた日本などの前期炊干し法であり、もう一つは湯取り法の飯から、水をすくなくして炊いたインドなどの後期炊干し法による飯である。この二つの炊干し飯のつくり方は、作業としては何ら差異がなくても、ちがいはその成立過程にあるわけである。

前記炊干し法、後期炊干し法は、それぞれ異ったものから出発して、同一のものにたどりついたのである。これは両方が平行進化をした結果であるという風にも受けとることができるのであろう。米という穀類に一番適した料理法で、おのずからこのような同一点への進化がおこったのだとも言えよう。しかし、簡単にそれは米に一番適したと言うと、何故に一番適したと判定できるかという反問が出てくるであろう。これに対して逆な言い方として、平行進化がおこったという事実が、それが適していたことを証明するという、つまり平行進化がおこることが、材料と料理法の関係で合理的な高級への発展の証明であろうという考え方である。一地域に非常に特殊化した高級な料理法があっても、もしそれが畸型的発達ならば、平行進化は他地域に見られないであろうと推定できよう。つまり料理法の平行進化が進歩発達の重要な判定の手がかりになる、という論理が考えうると言えよう。

麦類の料理法をみると、まず第一に気づいてくるのは、麦類の中でも最初はほとんど大麦が中心になっていたのに、その重点が文書の歴史時代のうちにパン小麦に移ったことである。これは中国でもインドでも平行しておこった事件である。(139)古代エジプトでは大麦とエンマー小麦がともどもあったが、その後エジプトはマカロニ小麦の国になり、一九世紀からパン小麦の国に変ってしまった。ヨーロッパでも中世までは平民は小麦の白パンを日常食べることができず、大麦混りのパンを食べていたのが、現在はパン小麦ばかりになってしまった。このような大麦から小麦への転換が未だにおこっていないのは唯一つチベットだけである。ここでは裸大麦のイリコであるツァンパが主食になっている。このように中国、インド、エジプト、西欧で麦類の中でもパン小麦に収斂するという平行進化がそれぞれ独立して別々におこったことは明らかである。私はこれらの事実から、「パン小麦が優れているから各地で平行進化がおこった」と言うより、「各地で平行進化がおこったことからパン小麦か優れている」ということがわかったという言い方の方をとりたいのである。

パン小麦の料理法をみると、中国ではウドンを別格として、他は醱酵蒸しパンと言えるマントウが主力となり、西アジアではアラブパン、タンナワー、ナンの醱酵品であり、西欧は同じく醱酵した皮パンである。アラブパンと皮パンは起源的に同じものかもしれないが、すくなくとも中国のマントウは独立してできた醱酵食品であろう。東と西でパン小麦粉はともども醱酵食品となるという平行進化をおこしたのである。このことからパン小麦の粉は醱酵食品としてすぐれた適性のあることがわかる。パン小麦の食品でインドのチャパティは非醱酵食品として残ったものであるが、チャパティの原料のアタが必ずしも小麦粉を意味せず、雑穀粉、豆粉など混じっていることもあることを考慮すべきであろう。純粋の小麦粉のアタがもし広くインドで常用されていたら、それは醱酵したチャパティへと進化したのかもしれない。考えようによれば、ナンは醱酵したチャパティとも見られるものである。つまりチャパティは粉質の問題から醱酵食品への進化が、おくれてしまったものと見做することもできよう。

米、麦類の料理法にこのように地域、民族の差にもかかわらず、平行進化の例がいくつか見られることは、それを手がかりにして、料理の合理的発達が存在することを推定させる。このような現象は穀類の料理法だけでなく、ごちそうづくりにもいろいろあるであろう。

5　豆の料理

マメは煮えにくい　マメ類は穀類に較べると、いろいろ特色がある。マメ類には穀類とちがって、貯蔵栄養分として、澱粉の代わりに、油分が多くなっていることは、一つの特色である。またマメは穀類より蛋白質に富んでいて、食糧としての価値が高い。これらは化学分析技術などが最近発達してきたことによって、明快になってきたことであるが、古代人にとって、マメ類は穀類と料理上大きくちがっている点が一つあった。それは穀類澱粉は水を加えて加熱すれば容易に食べやすく、消化しやすいのに対し、マメ類は水を加えて煮てもなかなか軟らかくなりにくいことである。マメ類は野生から栽培植物となり、高度の品種となるほど、一般に煮やすい形態に変化発達してきていると了解できよう。

概論的に言えば、マメ類は穀類よりも加工、料理に高度の技術が必要な食品ということができる。マメの料理法はこの点からながめるのが一番適当であろう。マメ類の料理法として一番簡単なものは、マメを火で炒《い》ってこげめをつけるだけである。日本の節分の日にまく大豆はそうしたものであるし、またソラマメにもこんな加工がある。チベット人はエンドウ、ソラマメ、ダイズ（ヒマラヤ中腹産）

などの炒ったものをツァンパとともに旅行用食糧として持ち歩いているのを、私はしばしば見たことがある。日本やチベットで出会ったこの炒ったマメは、非常にかたくて、食べにくい食品と言ってよいだろう。おそらく歯の丈夫な原始生活をしている人にとっても、炒り豆をたくさん食べることは困難であろう。これはもう、口のさみしさをまぎらわす食品といった程度のもので、マメが本格的に料理されているものとは、ちょっと考えがたいものである。

今日の改良されたマメ類でも、台所で水とともに煮て軟らかなマメにすることは相当むつかしいか、あるいは時間がかかる。煮豆をつくることは米を炊くよりずっと面倒なものであることは主婦は誰でも知っているだろう。例えばエジプトで大量に食べられているフール[140]はソラマメでもあり、それの煮た料理の名でもあるが、これはソラマメを水とともに約八時間もの長時間をかけて煮て軟らかにしたもので、それに油、塩、香辛料を加え、パン類とともに食べるという。このように穀類よりはるかに長時間をかけてマメを煮るという方法が今日一般的である。

けれども原始的なマメというものは、このように長時間かけて煮るくらいのことでは、なかなかどうして軟らかにならないものがある。そんなマメを食べるために、別の工夫がある。それを見てみよう。

ダルとファラフェル　ダルはインド、ファラフェルはエジプトのマメの加工法で、ともに加熱料理にかかる以前にする加工法であって、この加工で料理が容易になり、食べやすくする目的に合致している。

インド文化は日常非常によくマメを食べる食事体系を持っている文化である。インド人のマメを食べる習慣は、古典ベーダの頃からも見られ、古代にもマメ料理のバラエティは非常に多様性があった。(141)その風習は現在にもひきつがれており、私の印象から言えば、インドは世界一のマメ喰い人間の国だ。どんなインド料理にも、マメ料理の一皿がついていないことはない。インド文化圏で私はたびたび人夫用の食糧を手配したことがあるが、その時には、主食用の米かアタ、次にマメ加工品のダル、さらに塩、ギー（乳脂）、トーガラシ、カレー粉などが、必ず必要品となっていた。インドのマメの食べ方の大部分をしめるのがこのダルで、それを鍋で煮て粥状、あるいはスープ状にし、ギーとカレーで味つけしたものが日常普通であり、上等料理から人夫の食べものまで、その型式は共通していた。

ダルの原料となるマメの種類は多い。だいたいインドはマメの独得な種類の多いことでは世界のどこよりぬきんでている。インドで栽培化され、今日大量に使用されているものには、グラム、ウルドなど著名なものがあり、キマメ、レンズマメ、ヒヨコマメ、エンドウなども栽培量が大きい。これらは生産物のほとんど全部がダルに加工されている。

マメ類をダル加工する方法(142)はいろいろある。マメをいきなり石臼でくだく方法と、一度マメに吸水させてから乾燥、その後で石臼でくだく方法、油や香辛料を加えてからくだく方法などがある。あるいはまたキマメの加工で多く見られる方法は、マメを半日水につけて吸水させてから、精選した赤土にまぶして一晩積みあげておく。翌日それを日光にてらして乾燥させてから篩《ふるい》で赤土をふるいわけ、それを手まわしの石臼でマメ粒を割る方法で、製品は淡赤色を呈している。

ダルはマメ粒でもなく、粉でもない。その中間のアラビキ製品である。この状態で保存力がよく、輸送、販売されている。こうしてダルに加工されたものは容易に煮ることができて、食べやすい食品である。ダルは煮えにくいマメ類の加工法としては、実に典型的な成功品である。

ファラフェル(143)はエジプトのマメ加工品で、原料は主にソラマメのようである。その加工法は、まずマメを粗くくだき、皮を取り去り、冷水中に一晩ひたして吸水させる。それに小麦粉、野菜などを加えて、臼で搗いて、ペースト状のかたまりにする。その料理にはこのペーストを小塊にし、油でフライにするのが普通である。これはダルのように加工後輸送販売されるのとちがい、料理まで一続きの加工法になっている。この場合も、油でフライにする前に、吸水させて搗きくだく加工法が存在し、これが煮えにくいマメを容易に料理できるようにしている。

私はアフリカのマリー共和国のニジェール河近くの村で、村民が吸水させたマメを木臼の中に入れ、たて杵でついてペーストにしているのを見たことがある。これはペーストをスープの中に入れるのだとの説明を聞いている。この場合もマメの料理前加工法であるといってよいだろう。

ジャワ人はスリーTで生きている　私はこの本を書くことになって、今までの持ちあわせの知識や文献調査だけでは資料が足りなくて、多くの在留外国人にインタービューして質問をした。インドネシアの大学教授だったアナス・マ・ラフ氏にいろいろ質問して、話がマメ類のことになった時、彼は突然「ジャワの人はスリーTで生きている」と言いだした。(144) 三つのTとは、テンペ（ナットウ）、タウゲ（モヤシ）、タフー（豆腐）のことで、いずれも大豆製品である、ジャワ島は主食はもちろん米の飯であるが、おかずの中心となるのはこれらの大豆製品であるというのだ。

大豆というマメは、今でこそ全世界生産の約半量はアメリカであるが、それまで長い間、中国特産（日本、朝鮮を含む）のように考えられきた。だが、実は大豆は東南アジア、ヒマラヤ中腹地帯まで伝播していた。中国でも満州が輸出力があって、満州大豆は貿易上有名であるが、中国のいたるところに大豆の生産がみられる。一九六〇年のアメリカ農務省の生産統計によると、国別の大豆生産額の順位は、アメリカ、中国の順で、両者あわせて全世界の約七割に達しており、残部を生産する国の順位は、インドネシア、日本、朝鮮、ソビエト連邦、ブラジル、カナダの順となっている。年によると、この順位は、インドネシアと日本が入れかわっている統計もある。つまりインドネシアと日本は、ほぼ同額の大豆を生産している国ということができる。インドネシアにおける大豆の重要性の程度は、このことからだいたい推察できようというものである。

煮えにくいマメの料理加工法として、ナットウ、モヤシ、トーフをつくることは、グルやファラフェルと全くちがった方向のうまい工夫である。この三つのTのうち、ナットウとモヤシは歴史が古く、トーフはそのジャワ音が中国語そっくりであることなどから、華僑によって中国から比較的新しく伝来したと推定されている。トーフはビルマにもあってトーフー(145)とよばれ、これも歴史が新しいものとされている。日本からジャワ、ビルマまでトーフの呼称はほとんど同一であり、いずれも中国から伝来したものである。なおビルマには豆モヤシがある。

テンペはジャワ島で最も重要な食品の一つで、塩が加えてないカビ醱酵の糸引納豆に類するものである。そのつくり方は(146)、いろいろ変異はあるが、いずれも大豆をよく煮て軟らかにし、その一握りをバナナの葉や木の葉でつつんで醱酵させたものであり。日本の藁でつつむかわりに、木の葉でつつんだつくり方になっている。ジャワではテンペは油でフライにするのが主な料理法であるという。

糸引納豆をつくっているもう一つの地域はヒマラヤの中腹にある。東ネパール、シッキム、ブータンなどがそれである。これらの地域では大豆を水田のあぜに植えて栽培している。日本のあぜまめと全く同一の栽培法である。主に冬になるとこのダイズをナットウに加工する。ダージリンやシッキム国の首都ガントクの冬の市場にはこれが売り出されている。日本の糸引納豆そっくりのものから、その乾燥品もある。これの醱酵菌の種類はまだ全然わかっていない。このナットウはネパール語で(147)、キネマと呼ばれている。味噌のないヒマラヤ地域では、このキネマを買ってすりつぶすと日本人にとって味噌の代用になるが、キネマは元来無塩醱酵品であるので、それから味噌汁をつくるには充分に塩を加えてやらなければならない。

ナットウの大三角形と味噌　ジャワのテンペ、ヒマラヤのキネマ、日本のナットウの三つは、今のところはっきりしたナットウの三例である。ここで言うナットウとは、浜納豆、大徳寺納豆のように、ダイズを煮て、塩味をつけて醱酵させたものではない。ただし醱酵菌の種類は同一とはいえない。無塩のナットウを問題にしているのである。中国におけるナットウ状のものは、いまのところ加塩醱酵のものしか判っておらず、無塩のナットウの所在はわかっていない。

しかし日本、ヒマラヤ、ジャワのナットウの存在が偶然の一致でなく、もしどこかからこの三地域に伝播したと仮定すれば、おのずからその仮設中心地は雲南省あたりに求められることになるだろう。そして、ナットウが伝播したということは、他の文化要素も複合して伝播したと当然推測ができる。そうなると、これら地域間の文化的共通性が予測されることになるだろう。その範囲は、当然ナットウを指標とすると、日本、ヒマラヤ、ジャワを結んだ三角形の地域になる。メルカトール図法の地図上にこれら三地点を頂点とした三角形を書き、これをナットウの大三角形とよぶことにしよう。

日本の糸引ナットウの歴史はよく判らない。コンニャクは平安朝の文書には明らかに出てくるが、糸引ナットウの確認はできない。日本では室町時代に糸引ナットウがあらわれるので(148)、これはもしかしたら、その頃にジャワから日本に伝来した可能性があると推測される。つまり当時ポルトガル人が活動して、鉄砲やカボチャが南蛮《なんばん》物として日本へ導入されたが、糸引ナットウもその一つとしてジャワから日本へ入ったものかもしれない。

これに対して、加塩された大豆醱酵品は中国でも日本でも古くから存在し、これは味噌、醤油、タマリなどの一群をつくる加工品になる。これらは中国でも日本でも歴史的に変遷がある程度わかっており、複雑、膨大な加工食品群となっている。それらをここでは、ナットウに対してミソ群として一括しておくことにする。ミソ群はナットウの大三角形の圏外となる華北で大発達し、華中から日本、朝鮮を含んだ地域に分布している。この地域内では味噌、醬油、加塩納豆の類がともども見られる。ナットウの大三角形とミソ群の分布を地図上に示すと図2のようになって、ミソ群は楕円形で示しうるだろう。いわば、この三角形と楕円が東アジアにおける大豆の加工体系の二大類型区分であり、その分布圏も示している。

ミソ楕円をつくりあげたのは、華北の文化であり、いわゆる中国文化の産物といってよい。しかしナットウの大三角形の成立については、同じ起源のものと考えにくい。この大三角形の中には、本来華北中国的と異る文化要素が多く見出される。コンニャクはその一例であり、ほかにスシ（後述）がまたこの三角形内にある。また酒に関しては、主としてコージを用いてシコクビエを濡れた状態で醱酵させ、壺に入れて熱湯をそそぎ、竹の長いストローで吸って飲む型の酒がある。これはヒマラヤ地域ではチャンの名のもとに普及しており、チベット族も多く飲用している。この型の酒がボルネオまであって、その分布は大三角形の一つの底辺にほぼ一致している。

ナットウの大三角形の中にはこのように複雑な連帯性が存在するが、それを一元的に説明するには、おそらく、雲南あたりに中心のあった照葉樹林文化の開発した文化要素が、南流して東南アジアにい

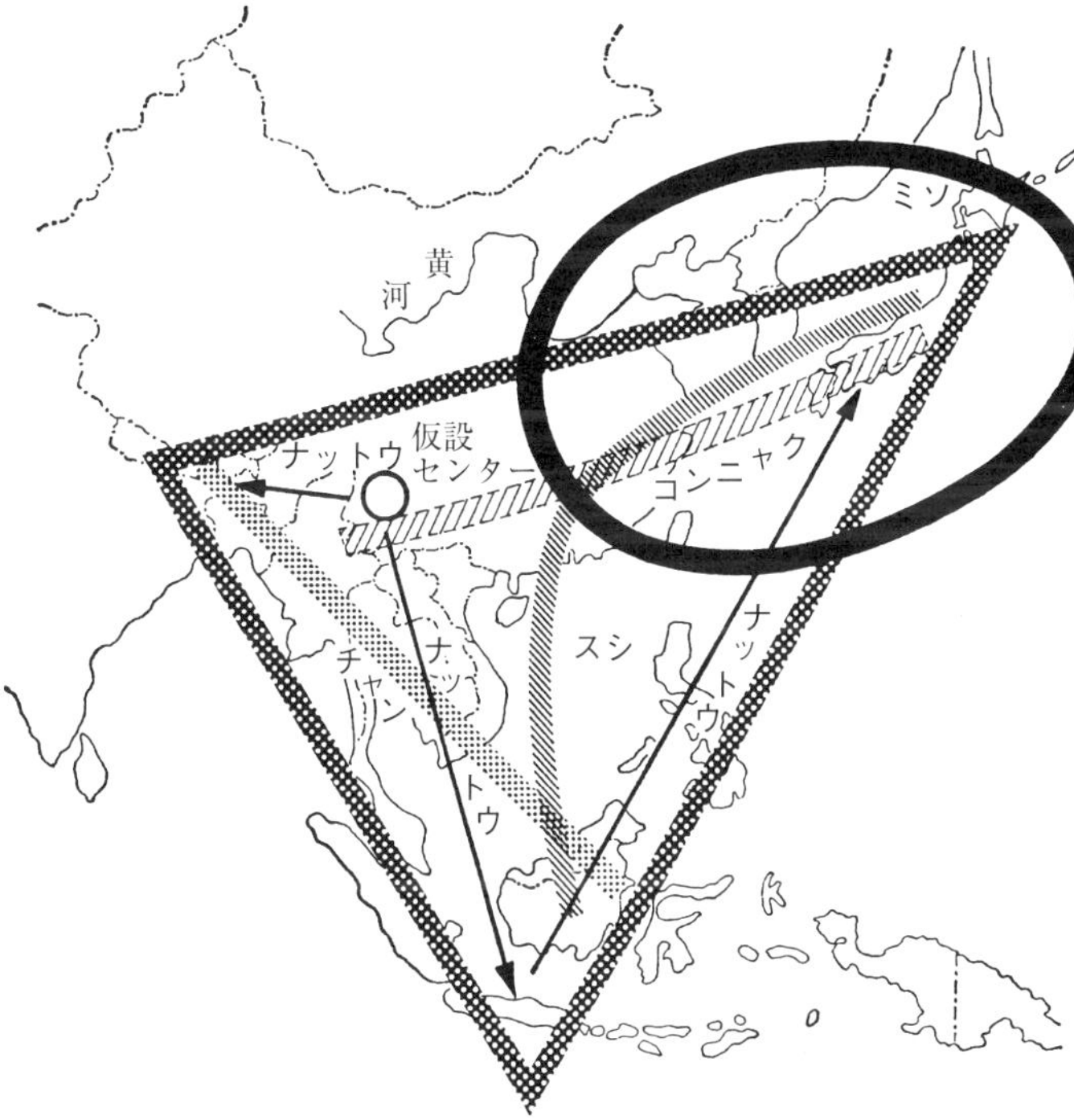

図2　ナットウの大三角形と味噌楕円　ナットウの大三角形の中にスシ，ナットウ，コンニャクおよび酒のチャンが分布する．

たり、一方西はヒマラヤ、東は日本へと伝播したとすれば、説明できるであろう。

豆モヤシはミソ楕円の中で普通にあり、華北などではいろいろの種類のマメからそれぞれ特色のあるモヤシがつくられている。華北で私が感心したのは大型のソラマメからつくったモヤシを塩ゆでにしたもので、そのまま朝食の卓に供してよい食品であった。煮えがたいマメを発芽させて、モヤシにするのは、考えようによれば、マメ類の加工品として驚くべき発明である。モヤシはナットウの大三角形内の各地に伝播し、ジャワやビルマにもある。ジャワ、ビルマではともども豆腐は言語的にトーフに近い音で、その歴史の新しいことが推定されるが、モヤシではジャワでタウゲ、ビルマでペ・ピン・パウクで、(149)ともどもその地の在来語とされている。つまりモヤシはミソ楕円の起源か、ナットウの大三角形の起源か決定が困難である。

乳腐と豆腐　大豆を食べやすくするという見地からみると、豆腐は大発明である。マメ類の食べ方からみると、ヨーロッパの料理加工法は原始的と言えようが、極東には豆腐という偉大な加工品が生れてきているわけである。豆腐の起源の文献学的な研究はかなり詳細にされており、ここでは篠田統氏(150)の所説を引用して、説明することにする。

豆腐は中国で発明されたと考えられるが、それはあまり古いことではないらしい。おそらく唐代の中期以後から豆腐がつくられはじめ、宋代になって広く一般的になったようだ。この唐代の豆腐は、実は代用品であって、乳からつくった乳腐がまず先にあったのである。ここで言う乳腐は、現在華北、台湾で、腐乳ともいうトーフの醱酵させたものとは別物であり、これは豆腐発見以後の産物である。

中国の南北朝から唐代にかけて、北方遊牧民族が中原の地になだれこんだとき、乳加工品、ことにその保存形式なる乳腐の方が中原人の間にもたらされた。この乳腐が如何なるものかは、かなり難問題であるが、今日のヨーグルトと豆腐の形態的類似性を思いうかべれば、何とか想像もできよう。ところが問題がむつかしいのは、この乳腐という字が中国人と古来交渉をもった北方遊牧民の生活記録の中に見あたらないし、現在でも北方にいるモンゴル族の乳製品のなかには豆腐状の最終製品は存在していないことである。私の見解によれば、豆腐に一番良く似た現在の乳製品はインドのダヒであろうということになるから、問題はなかなか簡単にかたづかない。ともかく中国南北朝から唐代の初めに中国に乳腐という乳加工品があったことは確かである。

牧畜をあまりやらない中国人の間では、原料の乳に不自由し、かつ高価であるため、乳腐の代りに代用品として豆腐がつくられることになり、それは唐の中期以後のこととされる。豆腐が日本へ渡来したのは院政末期であり、多分僧侶の手によって持ちこまれ、その初期の受容の中心は奈良であった。室町末期にはその中心が京都にうつり、加工、調理法も次々に改良されて今日に至ったのである。

このほか面白いことに、中国南部あるいは四川に黎其（レイキ）という豆腐の別名が存在しており、それはまず乳腐を意味したのに、後には豆腐の別名となったようである。このレイキという語は梵語または西域語と関連する言葉と考えられている。こうなると、乳腐とインドのダヒとの関連も絵空事でないかもしれない。またこのレイキという豆腐の呼称を考慮に入れると、乳腐、豆腐はもしかすると中国の華北文化のものでなく、四川あたりから華北へ移った可能性もないことはないだろう。

6　肉と魚の料理

偏見の世界　世界各地の民族の肉と魚の食べかたをみると、植物性の食品とちがって、動物性食品には食べると食べない、あるいは食べても嫌がるなど、さまざまなタブーと偏見が数多く見出されるのが特徴と言えよう。

有名な例としては回教徒は決してブタを食べようとしないが、回教徒が食べない穀類、野菜、果物などは存在しない。同様にヒンズー教徒は牛を決して食べないが、植物性食品ならば世界中のどれでも食べる。こうした動物性食品に対する偏見は、世界のどの文化もそれぞれの形で持っている。フランスでは肉なら何でも食べる。ウマは食べるし、ハト、カエル、ウサギからカタツムリや貝類も食べる。だがクジラやイルカの肉は見向きもしない。何故フランス人がクジラやイルカを避けるかという説明は合理性を以てては説明できないだろう。

肉類は食用として、どこでもこうした偏見やタブーにさらされており、その結果として、たいていの国で好まれる肉の種類に優劣の順序があって、下位のものは社会的に表だった時には避けられている。例えば日本では異論もあろうが、こうも言えよう。ウシ—ブタ—ニワトリ—クジラ—ヒツジ—ヤギーウマの順序で、ウマやイヌの肉はもう客人には出せないだろう。中国になると、ブタ—ヒツジ—ニワトリ—ウシの順序で、首位はブタになり、ウシは劣等な肉として価も安い。インドのヒンズー教徒では、ヤギ—ヒツジ—ニワトリ—ブタ—ウマの順で、ヤギが首位にたつが、ブタはヒンズー教徒でもほとんど食べない。インド、パキスタンの回教徒ではヒツジ—ヤギ—ニワトリ—ウシの順で、ブタが避けられているのはもちろんだが、ヒンズー教徒のタブーのウシは回教徒の中でも順位が劣っている。

このような肉の順位が所によって変ってくることは、人種、文化による味覚の差、あるいは料理法の差に基づいておこったことより、むしろ動物肉に対する感情的偏見の差がおこしたことだろう。それが時に宗教的タブーにまでなってしまっていることもあるというわけである。

遊牧民のモンゴル人は魚と鳥肉を嫌うし、インド人の中には魚を好むものと、全く拒むカーストがある。回教徒が好むヒツジでも、厳格な回教徒では誰が羊を殺したかが問題になる。シアー派の回教徒ではその派の儀式のもとに殺されたヒツジだけが食べられ、他派の回教徒が殺したヒツジ肉は食べない。私はパキスタンのカラコラム山地の旅のとき、買いとったヒツジを土地のシアー派の人に殺してもらったため、イスマイリ派のリエーゾンオフィサーの怒りをかって、大変困難をしたことがあった。

ヒマラヤ登山につきもののシェルパ族は、こうした肉類や料理法のタブーや偏見のすくない民族で、その点の便利さが登山人夫として、各国のパーティで使いよいことになり、シェルパとして今日の地位をきずきあげることのできた一つの原因であろう。彼等はチベット系の民族だが、チベット族より食品に対するタブーはすくない。シェルパでも、日本から持参したカニの罐詰やウニの塩づけのレッテルを見て、しばらく食べることにちゅうちょしたが、結局それを食べた。そのへんがこのシェルパ族のすぐれた点といってよいだろう。文明国人は一般に食品のタブーと偏見から解放されているようだが、それでも昆虫や爬虫類になるとしりごみすることが多い。どうも動物性食品について、タブーと偏見から完全に解放されている人は、ほとんどいないだろう。これらの点は植物性食品と大きく異っている点である。

食肉の変遷と発達　食用の肉類の給源は、歴史時代に大きく変遷、発達をとげている。日本の王朝時代から徳川時代まで上等の食事には野獣、野鳥は供されていたのに、家畜の肉はそうでなかった。鶴の肉は上等なものだったのに、ニワトリは日本には弥生以来飼われていたが、その肉料理は避けられていた。殺生禁断が仏教のイデオロギーの下に発せられ、それが家畜に適用されてきていた。日本で牛馬が表だって食べられるようになったのは、明治の開化以後であることはよく知られている歴史である。

このことは古来肉食で知られたヨーロッパにも相当あてはまる。ただしヨーロッパには肉専用の家畜であるブタとヒツジがあった。ヒツジは採毛は副産物であって、採毛用のヒツジ品種、例えばメリノー種のようなものが普及発展したのは、近代のことに属する。中国でもインドでも、西アジア、アフリカでも、ヒツジは至る所で肉用の動物であって、採毛は、ヒツジの採乳とならんで副産物である。ヨーロッパで問題はウシとニワトリの肉である。

ヨーロッパでは近世にいたるまで、ウシは農耕用の駄獣であり労役獣であった。そこでは牛肉も牛乳も副産物であった。時として勝手な牛の屠殺は死刑が課せられた(151)。その状態は今日の中国やインド、西アジアと事情がかなり共通する。そして中国やインド回教徒では牛肉は劣等な肉とされ、ヒンズー教徒にはタブーである。牛肉や牛乳を供給するのを主目的として牛を飼育することは、ヨーロッパではごく最近の発達であって、当然牛肉の地位の向上はごく最近のことである。

ニワトリに関しても事情はやや似ている。ニワトリは古来旧世界に全般的（遊牧民を除いて）にひろがったが、その飼養目的は主に愛玩具、闘鶏用であった。卵と肉は副産物にしかすぎない。ニワトリがその卵、肉をもって人間の基本的食糧の中に関与しはじめたのは近代のことだ。それはあとで述べることにしよう。

人類生活史的な立場にたってみると、人間の肉類の給源はまずはじめに狩猟の獲物であった。人類史は採集狩猟の段階から、農耕の段階に入り、家畜もそれに伴って出現していることは考古学的にもよく知られた事実である。現在の世界にもごくわずかながら、採集狩猟民が残存している。エスキモーはその代表の一つで、生肉を食べることで有名である。他にオーストラリアや、東アジアの局部、アフリカなどに小数ながら残存している。このほか、狩猟が生活の一部をになう社会を形成している民族はさらにひろく存在している。

多くの場合、こうした経済生活のための狩猟の対象をみると、小形獣やサルまでが対象になっており、文明国人には食慾を失わせるような動物まで肉の利用をしている。それが、農耕の方がはっきり発達した社会になると、狩猟は漸次スポーツ化して、大動物や大型の鳥を対象にするようになる。その中間段階ではどうだろう。

一四世紀の書『パリの家畜飼養場』(151)の著者は当時のパリ市場が常に最良の食物を充分に供給したかのごとく書いているが、食用家禽の中に、鶴、野雁、サンカノゴイ、鵜などを含めている。これは当然狩猟により獲得されたものである。ゴイサギ、鵜などの肉は、今日では誰も見向きもしないが、大形の鳥で食料としては能率がよいだろう。狩猟が経済の一翼となっている社会では、こんな肉が食べられていたのである。

家畜を肉の給源とするようになると、こんどは肉のみならず、血、内蔵までの全面的利用をする食べ方の発達がある。このことに関しては私はモンゴル族の、ヒツジの殺し方からはじまった内臓利用法には強い感銘を受けた。モンゴル族がヒツジを屠殺するのは次のような順序である。草原の上に選び出した羊をつれてきて、あおむけに押したおす。選ばれるのは去勢雄が普通である。倒した羊の上に腹ばいに男がのりかかり、蒙古刀という細身のナイフで、毛をわけて左下腹部に一〇センチばかり直線に皮に切りきずを入れる。ついで男は右手をその切り目につっこむ。羊の腹腔から入れた手は横隔膜をつきやぶり、羊の心臓の上までのびて、大動脈を指の間でねじ切ってしまう。羊の心臓はしばらくの間動いていて、その間に全身の血を胸廓の中に排出してしまって死んでいく。〝屠所の羊〟とはうまい形容で、この屠殺の初めから終りまでヒツジはあわれなほどきわめておとなしくしており、あばれるようなことはない。

死んだヒツジは皮を剝いでいく。草原の上で剝ぎとられた皮が敷物になって、その上に剝皮された羊の体がころがっている。次に内臓がとり出されていく。フカフカした肺をとり出すと、胸廓内には血がたまっている。この血は杓子で別の容器に汲みとってしまう。こうした解体の全行程が終るまで一滴の血も外へこぼさないほどたくみに全部が進行する。容器に汲みとられた血には塩と小麦粉、サンショウの粉が混ぜられて、血の腸詰の用意がされる。

『羊腸』という言葉は長くてウネウネ曲ったものの形容だが、ヒツジの小腸はほんとに長いものだ。この腸の腸間膜を切ってのばし、中の糞を手でしごき出し、水をそそぎこんで内側を入念に洗ってやる。時には腸を反転させて洗うこともある。洗われた小腸の中には、次に血を詰めてやる。これを大鍋でゆでると、血はかたまって、血の腸詰ができる。大腸は洗ったあと、腸間膜や脂肪などをまぜて、その中につめてゆでてやると、油腸子という腸詰になる。

肝臓、心臓、腎臓などは、それぞれよい料理材料となることは西欧の場合と同様とも言えよう。不味な肺もゆでて食べられる。変った肉は雌のときの乳房だろう。頭は切りおとされて、直火でゆっくり皮を焼いて、入念にけずり出すと、一つの頭で西洋皿二杯分の肉が出る。脳も骨髄も食べられてしまう。実に羊一頭まるまる、徹底的に食べてしまうのである。残るのは皮と骨と胃袋だけである。胃袋はバター油の容器などの別の用途がある。

ついでながら、モンゴル人のヒツジの肉の食べ方は、〝ジンギス汗〟ではない。ほとんど肉は塩を入れないでゆでたものを、コールドマトンの形で骨つきのまま食用にする。各自に蒙古刀をもって、肉を切りわけて食べる。上等の料理はシュースというが、大形のトレイの上にゆでた股肉一頭分の四つを敷き、その上に大きな脊肉をのせ、その上に生のままの頭がおいてある。頭の上には乳製品のホロートの一塊がおいてある。客人も主人もそのホロートの小片をとり、指さきで四方に散らす儀式をすると、頭は持ちさられる。それから蒙古刀で勝手に切って食べはじめる。

こうした家畜の屠殺、解体、加工、料理といった仕事は、彼等にとって多少興奮的な楽しみであるらしい。私が見聞したものでは、ロシア人の農夫のおかみさん連中のブタに対する場合、チベット人のヤクに対する場合などがその例と言えよう。ただしチベット人は信心ぶかく、ヤクの息のねをとめる作業だけはいやがっている。これは牧畜民にとって必要な作業であり、いちいち残酷という表現をもっては処理しきれない仕事である。ともかく家畜が肉用として発達すれば、一方にはその全面的利用の体系が発達するのは当然で、モンゴルの場合はその中でも美事な例と言えよう。

ニワトリあるいはアヒルの卵と肉は人類にとって非常に長い間の副産物的食糧であった。ニワトリはあまねく飼われてきたが、劣等品種が粗悪な管理下の状態では、年間の産卵数が二〇個から四〇個と言われている。野生の鳥としては、それが多分充分な数であろう。その状態では、卵はとうてい普通の食品ではない。こうした所では各農家に二―三羽ずつニワトリが飼われ、その目的は愛玩用といった方が適当である。

昭和三八年のマナスル登山隊はネパールの中部高地にベース・キャンプをつくり、そこから人夫を派遣して食用としてのニワトリや卵を購入した。私は登山隊の科学班として、登山終了後も附近に残留して調査をつづけた。その時、発見したのは、ベース・キャンプから往復一週間以内という地域のニワトリが、あらかた無くなってしまっていたことである。わずか十数人の日本人が、数ヵ月間に消費したニワトリが、その地域の〝ニワトリ人口数〟に大きな打撃をあたえてしまっていたのだ。その回復には約二年かかる、とその時私は判断した。それでもマナスル登山隊員はあきるほどニワトリと卵を食べたわけではない。この地域の農家がみなニワトリを飼っているといっても、肉と卵の供給力はそれくらい貧弱なものであったのである。広くニワトリが世界各地に伝播したといっても、それはこのネパールの状態にほとんど等しいものであったと見られよう。

ニワトリが卵生産用として大量に飼育されるようになった歴史はきわめて新しいことで、それは二〇世紀に出現した産業である。鶏卵は人類の最も古くからの食物の一つであったにもかかわらず、大規模の鶏卵生産業が自動車やラジオの製作より古くないということは歴史上の驚くべき現象である。

ニワトリの肉となると、歴史はもっと新しい。大規模な卵生産がはじまると、廃鶏の処理という形でヒネドリの肉の供給が増大したが、これは品質の悪い肉である。それで若鶏の大規模生産はブロイラーと呼ばれる形で発展した。これは、卵の場合と比較して言えば、ブロイラー産業はテレビ産業より新しいものである。伝統的産業の一つのように思われがちな農業の中で、このように卵と鶏肉の供給産業はラジオやテレビより新しい技術的成果の上にたったものである。なかんづく、ブロイラーは技術的に美事なものである。それは肉をつくると、牛や羊ではその飼料のカロリーの一〇分の一くらいが収量になるのに対し、ブロイラーははなはだ高能率である。最高最適の条件下では、ブロイラーの飼料から肉へのカロリー転換率は実に五〇パーセントに達すると、これはあるアメリカの飼料会社の広告に書いてあった。鳥類はだいたい卵が孵化すると、二―三ヵ月の短い期間に親鳥の大きさまで急速に生長してしまい、その後は全然大きくならない性質がある。この急速生長の時期を上手に利用するブロイラーの若鶏生産ははなはだうまい着眼点である。すばらしい技術的成果である。

肉の貯蔵　古来食肉給源の中心であったブタとヒツジをとってみよう。ブタは一匹を屠殺すれば一家族で消費するのには、大きすぎるだろう。その点ヒツジの大きさは毛がふさふさして大きく見える割には、やや見かけ倒しで、肉はそんなに多くない。モンゴルのシュース料理はヒツジ一匹分の肉を一時に客に出すが、話によると、大食漢なら二人で一匹分ほとんどを食べてしまうとも言われている。

けれどもブタは実質的で、皮下脂肪も多くて、家族単位では一匹のブタは食べきれない。流通経済の未発達な社会では、家畜の肉貯蔵は重大な問題である。

土俗的なブタ肉の貯蔵法で有名なのは北ヨーロッパだ。それはもうローマ時代から知られていた塩漬け豚肉である。紀元前後のころローマの町にいたガリア人は、主な商売はハムと塩漬け肉を売ることだったという(151)。

当時のガリア人からほとんど中世まで、ヨーロッパでは、ブタをドングリの実のできる落葉性のカシの森で飼い、秋に飽食して脂肪がついたところで冬になる前に、大部分を屠殺して塩漬け肉にする習慣を持っていた。ベーコン、ハムはその発展した形態である。二〇世紀になって冷蔵技術が普及するまでは、肉食民といわれるヨーロッパ人は、悪く言えば半分腐りかかったような肉を常食していたようだ。ヨーロッパの中世の家事、料理書には肉のもたせ方や、悪臭のある肉の料理法などいろいろ書かれている。その対策の一つが香料を使うことである。香料の要求、その探索と獲得のための航海が、大航海時代の成立をうながすことになり、世界の近代史の開幕になったことは歴史の教える事実である。

肉の貯蔵法の古代からあったもう一つの方法は、干し肉あるいは燻製にする方法で、これは世界の各地にバラバラとそのような製品が見られるが、たいてい経済的にたいして重要になっていない。しかし、世界にただ一ヵ所だけ干し肉が重要になっている場所がある。それはチベットである。

チベットは食品貯蔵という見地からながめると、特に興味の深い地域である。それはチベットの自然条件が食品貯蔵の世界での最上の場所であり、彼等の生活態度がまたそれによく対応しているからだ。ほとんど四〇〇〇メートルの高所にあるチベットは、食品貯蔵の一般的好条件、低温と乾燥がある。そのうえ、空気がうすくなり、海面上のおよそ半分になっている。このことは、貯蔵食品を害する酸素がすくなく、半面水分の乾燥力は強い。この酸素がすくない点は、文明国でも貯蔵に簡単にはまねられない好条件となっている。ヒマラヤ山脈の北側で、私は室内に吊るしてあるヒツジ肉が、腐らずに表面から赤黒く乾燥肉となっていくのを経験したことがある。こうしたところでは乾燥肉をつくるのは、まったくわけない仕事である。

チベット産の乾燥肉はヤク、ヒツジなどが大量につくられ、それがチベット商人の手で周辺地域に運ばれて売り出されている。チベット産の羊の胸肉の乾燥品が、骨つきのまま切っただけで料理もされず、カラコラムのフンザ王国のミール（王様）の食卓に供され、同席していた私たちを驚かせたことがあった。これは最上等の干し肉だが、それでも匂いはよくなかった。チベット文化を基本としたブータンでは、チベット産のヤクの干し肉はよく見かけられた。ブータン国内でも同じようなものがつくられ、彼等の日常食としてヤクの干し肉が毎日食べられていた。また、ブータンではブタの燻製がよくあって、太い股肉が囲炉裏の上にぶら下げてあり、毎日けぶらして燻製にしながら貯蔵しているのをよく見かけた。ブタ肉の貯蔵法で特殊なものはチベットの東部辺境にあたる雲南省のナヒ族の無骨猪だろう[152]。これはブタの骨や肉をぬき、脂肪だけをのこした一匹分の大きな皮を充分に塩漬けにして縫いあわせたもので、約一〇年も貯蔵される。首長はこれをたくさん貯蔵室におき、時に敷物として利用するという。食べる時には皮を帯状に切りとり、数分間、脂肪がとけてしまわない程度に煮るのである。

肉の貯蔵法といえば、西欧のもののように考えがちだが、実はこんなにチベット文化がその大発達をおこしているもので、その影響はブータンや雲南省でありありと見られるものである。自然条件も加わって、チベットがその世界一のセンターなのである。

魚肉の貯蔵　魚の貯蔵はだいたい三つの方法がある。その第一は乾燥、塩づけ乾燥などのように、幾分なりとも乾燥させる方法である。干物魚、一塩もの魚などがその代表であろう。時に燻製する場合、あるいは素焼きにして乾燥を組み合わせる方法などが一括して、この乾燥法というグループに入れられるだろう。第二の方法は塩辛の類である。これは壺の中で、たいてい加塩しながら醗酵させる方法である。第三の方法は、米の飯の乳酸醗酵を利用したナレズシの形態をとる方法であろう。

第一の方法、主として乾燥にたよる方法は日本人にはきわめて親しい干物魚がある。これらは商品経済的に塩干物と呼ばれるくらい、何らかの程度に加塩されて、防腐効果をたかめている。北欧のニシンの塩づけはヨーロッパで普及し有名になったものである。世界のいたるところに加塩乾燥した干魚がみられるが、たいてい経済的には、日本を除いてはあまり重要になっていない。しかしアフリカのネグロは干魚の大生産者、大消費者である。

西アフリカのニジェール河やチャド湖などには漁業民がいて、その漁獲物はほとんど干魚にされており、その製品は広く西アフリカのサバンナ地帯の市場に売り出されている。その干魚は、乾燥した空気条件のところでつくられ輸送されたものではあるが、高温下で異様な臭気をただよわせている。私は西アフリカ各国で原住民の市場をたずねてみたが、いつもこの臭気になやまされた経験を持っている。西アフリカのネグロは干魚食いの生活様式を持っており、小型獣、例えばサルなどの肉まで半乾燥でその仲間に入れられている。日本の次に干魚食いの習慣を持つのは実にネグロ民族であるといってよい。

塩辛になると、これはもう東アジアの特産物である。例外品はアンチョビーなどが知られているにすぎない。塩辛の分布地域は東南アジアから中国、日本にいたる地域であって、その材料は主に魚であるが、日本ではイカ、ウニなども発達し、中国、東南アジアでは獣肉のものが時々ある。塩辛は生《なま》の魚を加えて、壺の中に入れ、水分の多い条件下で魚肉の自己分解、醱酵をおこさせた製品で、ドロドロのものとなり、異臭がたいていある。この塩辛はある部分で、ナレズシの製法と相通ずる点があるので、中国古典の研究で、塩辛とスシとの区分がむつかしい場合が相当あるようである。この問題と、中国などの古代のスシの問題については、以下篠田統氏(153)によって述べることにする。

紀元以前の古代中国（華北）にはスシは存在せず、かわりに塩辛があった。中国で一番古い辞書といわれる『爾雅』は戦国時代から前漢にかけて、紀元前五―三世紀に徐々に成立したものとされるが、その中に『鮨』（キ）と『䤋』（カイ）の字がある。これは、前者は魚の塩辛、後者は獣肉の塩辛のことと解されている。鮨の字は今の日本ではスシと読ませているが、本来塩辛のことで、決してスシではなく、文字の誤用である。

中国ではその後も鮨の字は文献に散在し、その存在が知られており、漢代になると漢人の江南支配力の確立から、本来江南の産物であったスシを意味する『鮓』という字が登場してくるという。中国にはこのような非常に古い時代から塩辛が存在していたのである。

東南アジアに入ると、そこにはいろいろの塩辛類がみられる。(154) まずマレー半島にあるブツウ(155)またはペダと呼ばれるものがある。これは小魚をつきくずしたあと、しばらく乾燥させ、すこし水を加えてもどし、塩をたくさん加えて一―二ヵ月貯蔵しておく。これをとり出し、あたたかい米の飯の上にかけて食べる。これと全く同じ名前で、これはインドネシアにも見られるという。またボルネオのイバン族はジャクート(156)という魚の塩辛をつくっており、同じくボルネオのドゥスン族は肉の塩辛をつくっている。東南アジアの塩辛から派生したと思われる食品で著名なのはベトナム、カンボジアの魚醤(157)であろう。これは味噌からタマリがとれるように、塩辛から魚醤までの転化は容易に推定できる。日本の東北のショッツルも全く同一に考えてよいだろう。ベトナム、カンボジアで普遍的な魚醤は、タイ、ラオス、ビルマにもよく見られる。このほか、タイ、ビルマ国境に住むモン族や、ビルマのシャン州のパラオン族にも魚の塩辛があり、さらにインド東北の辺境のナガ族、カチン族などにも、塩蔵型の貯蔵法がある。東南アジアの各民族の塩辛型貯蔵、その変形品については、未だ調査はいきとどいてはいないが、以上を通観してみると、きわめて広い地域に分布していることがわかる。そうして、日本もその一例となることは疑いないことである。その分布圏は、さきに示した図2のナットウの大三角形と味噌楕円の中にスッポリとおさまる形勢になっている。

スシの問題

スシ[158]は東アジアの各地に点々と見出されるきわめて特異的な魚肉の貯蔵形態である。日本の現在のスシと言えば、握りスシ、蒸しスシなど、きわめて種類は多いが、その中心となるものは、いわゆる江戸前の握りスシであろう。この江戸前の握りスシをスシの典型と考えている人は、それが魚肉の貯蔵法から発達したものであることにほとんど気づかないのであろう。

しかし日本のスシを歴史的に調べると、日本のスシは元来まぎれもなく、飯の乳酸醗酵の防腐力を利用した魚肉の保存法による加工であった。日本の古い時代のスシ形態を現在までよく伝えてきた代表は滋賀県の鮒鮓であって、これはフナを一度塩づけにした後に、米の飯の間に漬けこんでつくる。飯は乳酸醗酵して酸っぱい味となる。漬けている期間は半年以上にわたっており、食べるのは主にフナの方で醗酵した飯の方ではない。鮒鮓は魚肉の加工料理法だが、明らかに貯蔵法であるとも言えよう。鮎スシ、鱒スシなど、その他日本各地にこれに近い名産品がいろいろあるが、これらは醗酵のところがかなり省略化され、乳酸醗酵の代用に、植物性の酸（酢酸）で用をたしている。江戸前の握りスシでは飯に酢酸を打って、乳酸醱酵の代用にし、それに生魚の肉をのせた形になっている。江戸前の握りスシは醱酵させるのとちがって、すばやくつくることができるので、『ハヤズシ』と呼ばれており、これに対して、飯の乳酸醱酵によるものは『ナレズシ』と呼ばれている。スシはもちろんこのナレズシが原型であって、この型を東亜各地に求めてみると、東南アジア、中国（中世）に出現してくるものである。

日本のナレズシは歴史的に非常に古いものとされており、それは多分弥生時代に日本に稲が渡来したのと同時に渡来したものと想像されている。平安朝の頃になると、ナレズシは文献的にもその存在が豊富に出典する。延喜式（延長八〔九三〇〕年）の中に、スシを貢納すべき国々と、その種類がならんでいる。

鮎《アユ》ずし	美濃、播磨、阿波、筑後、肥後、豊前、豊後
鮒《フナ》ずし	五畿内、美濃、筑前、筑後
鮭《サケ》ずし	越中
阿米魚《アメウオ》ずし	近江
雑魚ずし	伊勢、尾張、備前、阿波、五畿内
雑ずし	志摩、若狭、淡路
鰒《アワビ》ずし	阿波、伊予、筑前、肥後、五畿内

鰒甘ずし　若狭、五畿内
貽貝《イガイ》ずし　参河、伊予、五畿内
貽貝富夜交《ホヤマゼ》ずし　若狭、五畿内
猪ずし　紀伊、豊前
鹿すし　紀伊、筑前、豊前、豊後
すし（原料不明）　讃岐

この記述をみると、スシにする魚はアユ、フナ、サケ、アメウオなどの淡水魚が多いことにまず注目され、貝類、獣肉のスシもまた多かったことがわかる。海魚は雑魚ずしの中に含まれると考えられる。後述するように、ナレズシは東南アジアや中国の山地民に多く見られるもので、それは当然淡水魚である。そのことと、日本の平安朝のナレズシはよく対応していると言えよう。

ここで目を転じて、ナレズシを求めて東南アジアをながめてみよう。東南アジアには各地、各民族に点々とナレズシの製作がみられるが、その中でも比較的有名なのはタイのプラ・ハーで、タイ・ルー族はプラー・ラーと呼んでいる。製法が日本人により実見され報告されたのは、ボルネオのイバン族のものである。ここのナレズシはカサムと呼ばれている。カサムをつくるには、魚は大小を問わず、ぶつ切りにする。ナマズなども用いられる。カサムを漬けるには二つの方法がある。一つはぶつ切りにした魚の切り身と、塩と米飯とを洗面器などの容器でまぜあわせ、それを壺などにきっちり漬けこむ方法である。もう一つの方法は、塩漬けにした魚の切り身と米飯とを、壺の中に交互にしきつめ、ふたをして貯蔵する。カサムは一週間ぐらいで食べはじめる時もあるが、たいていは一―二ヵ月から一年間貯蔵される。

他にも東南アジアにはいろいろナレズシがある。カンボジアのプノン・ペン付近にも魚と米飯とをまぜて醱酵させたファークがあり、ラオスのラオ族は、壺の中に小さな川魚を米飯のあいだに段状にはさんでつみかさね、密封してナレズシをつくる。中部タイでは、蒸した糯米と、小さく切りきざんだ川魚をいっしょに混ぜて、壺につめて密封し、一ヵ月間貯蔵する。食べる時には、蒸したうえに唐辛子、ニンニクをかける。またフィリッピンのルソン島の一部にもナレズシが見られる。台湾の高砂族も渓流の魚のナレズシをつくり、アタヤル族ではトワメと呼んでいるという。

このように、今わかっているだけでも、東南アジアの各地に、ナレズシがあるが、それらはいずれも、たいした発達はしておらず、自慢料理というより、旧式な方法として、残存的に見られると言えよう。東南アジア各地のスシの呼称を一覧すると、表2のようになって、割合い広い地域に点在するが、それは塩辛類、魚醬などと比較すると、狭い地域にのみ存在するという傾向になっている。

中国ではナレズシは江南にあったもので、現在の中華料理のメニューの中には見あたらないが、かつて歴史的には、主として南宋時代に大流行したものである。中国の古典の中で、前述したように塩辛は『爾雅』の中にあるが、スシはない。スシが中国古典ではっきり区別されたのは紀元一世紀末か

表2　スシの呼称の分布

日本	スシ
中国	サ（鮓）
台湾（高砂族，アタヤル）	トマメ，トワメ
カンボジア	ファーク（phaak）
タイ	プラ・ハー
（タイ・ルー族）	プラ・ラー
ボルネオ（イバン族）	カサム（kassam）
（陸ダヤク族）	トバ（tobah）

ら二世紀にかけて活躍した許慎の『説文』が最初である。それにはナレズシが次のように解説されている。

鮺《サ》は魚の貯蔵形態である。南方では魿《キン》といい、北方では鮺という。一説には大魚でつくったのが鮺で、小魚のが魿であると、鮓は、けだし、鮺の俗字なのだ。

鮨は魚の䏣醬《シオカラ》である。蜀（四川省）から出る。

その後中国の古典にはスシに関する字がしばしば出現し、華北地方でもスシがだんだん普及していったことが推定できる。そして宋代になるとスシは中国で全盛時代をむかえることになった。しかし、元代にはいるとスシは急激におとろえ、明、清へと終滅への途を歩むことになった。

元代になってスシが凋落したのは一つには、支配者になった蒙古人が魚食に興味を示さなかったからでもあろうと考えられるが、その頃の中国のスシ自体にも問題があったのである。それは宋代頃に流行したスシのつくり方にあった。スシそのものが、ナマスや塩辛に近いものになって、スシの特色が失われた。漬けこむさいの米、あるいは酒などの乳酸原料がすくなくなったので、できあがりはなまなましい膾《なます》に似ているが、もし塩がきいていれば、魚肉蛋白質の分解で、塩辛に近いものになってしまう。かくして本来のナレズシがおいおいとナマスや塩辛に吸収されてしまったのだろう。日本ではナレズシから、即席便法として、米飯に酢をうち、握ってその上に魚の生肉をのせた形が、江戸中期からはじまり、江戸が東京になってからその全盛時代をむかえたのである。中国がナマス形となったのは、魚肉に酢をうったからで、日本のハヤズシは飯に酢をうったというちがいがある。このちがいが、スシの運命を分けたというべきであろう。

中国のスシは元来江南の非漢人文化に発するものとされ、南中国のミヤオ（苗）族などは有名である。明代の記録に広西省の蛮族が『手で飯をまろげ、魚鮓をのせて食べるのを御馳走としている……』があって、これは握りずしの最古の記録とされる。これらの南蛮の鮓を漢代頃から漢人が取り入れ、中国にだんだん普及し、南宋で最高となり、その後消失して、今は再び中国南部の少数民族の中にのみ残ってきているのである。

以上のように東アジアのナレズシを通観してみると、ナレズシはナットウの大三角形の中の、塩辛より狭い分布をもつ習慣で、その分布の中心は中国南部の山地民においてよいだろう。すなわちこれは照葉樹林文化の一要素として発生した川魚の保存法とも定義づけすることが可能であろう。

7　乳の加工

赤ちゃんは牛乳を飲むが　昭和一九年の九月から、私は半年間ほど内モンゴルの旅をした。戦争末期で食糧も装備も欠乏した時だったので、モンゴル人のテントに泊まり、彼等と同じ食べ物の日がながくつづいていた。彼等の日常生活に慣れてきた数ヵ月後のこと、ある日、私はモンゴル人に尋ねてみた。「モンゴル人が乳を飲むのを見たことがないが、モンゴル人は乳を飲まないのか？」「母親のなくなった赤ちゃんは牛乳を飲む」「それでは大人はどうなのだ」「大人は茶の中に入れて飲む」。これは通訳を介しての談話だった。

モンゴル人の生活は、主として牛と羊、山羊の放牧生活で、家畜には他にラクダと馬があった。牛と羊、山羊の群れは毎日テント前から草を喰いに出かけ、夕刻にはテントにもどっていたが、馬とラクダの群れはテントから離れて、昼夜思いのままうごいていた。モンゴル人の日常は、女、子供が羊、山羊の群の放牧の世話をし、牛は朝夕二回テント前で乳しぼりしていた。馬やラクダ、羊、山羊の乳も稀にはしぼるが、乳の主力は明らかに牛乳だった。その牛乳の加工はどのモンゴル人のテントの中でもいつも行なわれていた。彼等の飲物といえば、磚茶（ダンチャ）という、煉瓦状にかためたお茶をくだき、熱湯で煮だし、牛乳と塩を加えたスゥティ・チャイが普通だった。モンゴルはいわば牛乳の国である。そのモンゴル人が、赤ちゃんは別として、大人は日本人がするように、牛乳をそのまま飲んだりは決してしないのである。私達日本人が牛乳を所望して、生乳をガブガブ飲むと、モンゴル人はいぶかしげな顔をして私達を見つめていた。彼等は私達が下痢するんじゃないかと、疑っていたのだ。聞いた話では、モンゴル人は生乳を飲むと下痢しやすいと言っていた。こうしたわけで、乳の国、モンゴルの乳は、ほとんど全部が加工食品にされてしまってから、食べられているのである。

戦後になって、私はインド人、ネパール人、チベット人、ブータン人などと、現地で生活を共にする日がたくさんあった。彼等は全部乳をしぼり、大切な食品としていた。しかし、彼等もまた、全部が生乳を飲まなかった。乳は必ず一度加工品にされてから食品となっていた。日本に生乳を飲む習慣ができたのは、疑いもなく明治以後の西洋文化の影響である。それでは西欧での生乳はどんなであったであろうか。

西欧では牛乳を飲む話は非常に古くからあり、ローマ時代にすでに記録されている。プルタークはその著『道徳論』の中で、「牛乳は単に渇をいやすのみならず、食物として考えられねばならない」と述べているという(159)。ヨーロッパ中世でも牛乳を飲む話はいろいろの文書に出現している。しかし西欧には、古来から牛乳を醗酵させた酸乳（サワー・ミルク）が確かに存在しており、これら文献に出現してくる牛乳が、新鮮な生乳であったのか酸乳であったのかは、今日ではわからなくなっている。

酸乳は後述するように、乳加工品であって、新鮮乳と意味がちがっているものである。

西欧でも生乳が確かに文献に出現してくるのは一七世紀という、非常に新しい時代になる。一六四二年にロンドン市長は、日曜日の安息日に「その日は如何なる牛乳売女も牛乳を呼び売りしてはならない」という法例を出している(159)。この頃ロンドンの町で、生乳の街頭売りがはじまったのである。西欧でも確かなことは、新鮮な牛乳の家庭使用ということが、市民の間でひろがったのは、ここ四百年たらずの歴史であるらしいことだ。つまり西欧でも、牛乳の加工食品が主体であったと判断できる。しかし北欧人の間には、田舎では生乳を飲んでいたかもしれない。そこには酸乳があったが、生乳も時々飲まれたかもしれない。それにはそれだけの理由がある。それを次に述べよう。

乳糖分解酵素の問題　私はモンゴル旅行以来、長い間、この牧畜民が新鮮乳を直接飲まないという習慣の存在を非常に不思議に思っていた。インドやヒマラヤ、チベットの人達も同じように新鮮乳を飲まないし、西欧でも新鮮乳が普及するのは一七世紀以後という新しい出来事である。これは何を意味するであろうか。初め私の解釈はこうであった。牛乳は栄養分に富んでおり、バクテリアや菌類の保存、発生に非常に適している。だから、もし牧畜民が生乳を飲む習慣をもっていたら、赤痢やチフスなどの病気にかかることが多くおこり、民族が生きつづけることはできなくなるのではないか。だから牧畜民は経験的に、生乳をタブーのようにして飲まない習慣が生れたのであろう。しかしこの考え方は、新鮮乳を飲むといっても、充分加熱して殺菌してあたたかいうちに飲みさえすれば、伝染病の危険はほとんど解消されるではないかとの反論が考えられてくる。衛生上の理由で、牧畜民が乳を飲まなかったのだという説明ははなはだ不充分である。だから私は考えあぐねていた。

しかし最近になって、この問題に関して、非常に面白い説明が現われてきた。それはカリフォルニア大学のマクラッケン助教授(160)によるもので、彼の説明によって、私が多年いだいていた疑問は氷解した思いである。

問題解決の鍵は、モンゴル人のいった、「赤ちゃんは飲むが、大人は下痢する」という現象の中にあったのだ。医学的には次のようにしてこの問題が解明されてきた。アメリカの病院に、白人や黒人の下痢などの消化器不調を訴えてきた患者のなかに、牛乳を飲むのを中止すると、それが回復するものがあった。これをよく調べた結果、それらの患者は、乳糖分解酵素欠乏症（ラクターゼ・デフィシエンシイ）であることがわかったのである。

牛乳の成分をみると、その大部分は水であるが、多いときには約一五パーセントの固型分を含んでいる。その固型分は、蛋白質と脂肪、炭水化物が約三分の一ずつあり、他にビタミン、ミネラルなどが微量にある。固型分中の炭水化物のほとんどは乳糖という多糖類である。人間は多糖類を腸内で消化吸収するのには、分泌した酵素の働きで多糖類を単糖類に変えてから吸収するのである。乳糖の時には乳糖分解酵素が分泌されなければならない。人間は赤ちゃんの時はこの分泌能力が高く、母乳でも牛乳でも、その中の乳糖を分解して吸収し、栄養として利用できる。ところが赤ちゃんも二才頃から、乳糖分解酵素の分泌力がおとろえ、乳糖分解酵素欠乏症の人には少年時代にはほとんどその能力がなくなってしまうのである。こういう人にとっては、生乳を飲む時は、よくいろいろの障害がおきることがあり、下痢や腹痛がおこるというわけである。

遺伝か獲得性か　乳糖分解酵素欠乏症の研究がだんだん進展するにつれ、新しいことがいろいろ判ってきた。生乳を飲む習慣を持っている人で、別に下痢もせず何も異常がおこらない人の中にも乳糖分解酵素欠乏症の人がすくなからずいることが明らかになり、さらに人種によって、欠乏症の存在のパーセンテイジが顕著に違うことも明らかになりつつある。それらの結果をまとめてみると、アメリカの北欧系の白人では欠乏症の人は低率で、大人になっても乳糖分解酵素を分泌する人が多い（約八〇パーセント以上）のに、アメリカの黒人では欠乏症が約八〇パーセントとなっている。アメリカの黒人は白人と混血しており、アメリカ黒人の血の約二〇パーセントは白人の血であるとみられ、黒人中の非欠乏症の人の存在は白人との混血でおおかた説明できそうである。つまり、アメリカの黒人は元来一〇〇パーセント近くまで欠乏症であったと推定されてきた。

世界的にこの乳糖分解酵素欠乏症の出現率を調べることは未だ調査が不充分だが、マクラッケン氏のデータ集めによる結論は、だいたい、牧畜民の北欧人と、アフリカの一部のネグロ系の牧畜民だけが、欠乏症の頻度が低く、他の農耕民、狩猟民などはほとんど一〇〇パーセント欠乏症であることがわかってきた。つまり欠乏症の方が世界的に普通で、たまたま北欧系に欠乏症がすくないという現象であった。

これで事態はだいたい明らかになったと言えよう。アジアの黄色人種はほとんど全員欠乏症であり、アフリカのネグロの多くも同様である。この人達にとっては、生乳を飲んでもその中の乳糖の消化吸収は困難であって、牛乳中の固型物のおよそ三分の一にあたる乳糖は、寒天やコンニャクのように、ほとんど栄養に役だたないのだ。人種のちがいは厳粛な事実であって、北欧人が牛乳を飲むように日本人が飲んでも、日本人の場合にはあまり栄養にならないどころか、しばしば下痢などをおこしてしまうというわけだ。モンゴル人の医学的検査はないが、多分日本人と同じで、大人は牛乳を飲んでも栄養利用率が低く、下痢などをおこしやすいのだろう。

日本人でも大人が牛乳を飲みはじめると、初めは下痢などしたのに、慣れてくると、別段支障もなくなることが多い。それは習慣の慣れから、乳糖分解酵素が分泌するようになったのだろうか。つまり大人の分解酵素の分泌能力は獲得できるものか、あるいは遺伝的に決定してしまっていて、生れてから以後は今のところうごかしがたい性質であるのか、これは一問題である。遺伝性か獲得性かは未だ学者によって意見が分かれているが、大勢はどうも遺伝性で説明する方が有利であるようである。これは黄色人で、例えばタイ人で多年乳を飲んでよく適応した人でも、医学的に調べてみると、乳糖分解酵素欠乏症のままでいた例などがあげられている。

マククラッケン氏は遺伝性論者で、彼は人種、民族が二千―三千年間乳を使う生活をしていると、突然変異で生じた大人の乳糖分解酵素分泌遺伝子が、生活上優力となって、急速に進化をおこすとの説を展開している。これを、文化遺伝学(161)と呼び、外に色盲や鎌型血球症などに例があるとしている。

ともかくこれで、モンゴルをはじめとして、乳しぼりをするいろいろな民族のほとんどが生乳を飲まない習慣をもっていることに、工合のよい説明ができる。そのうえ、これから述べるいろいろ様々な乳加工品をみると、乳中の固型物の脂肪や蛋白は重要な目的物としていろいろに加工されるのに、乳糖を目的物として重視した加工品は一つも存在しないことの説明が、明快にできるわけである。乳とは不思議なものだ。赤ちゃんが飲めばあんなによい栄養品であるのに、大人ではそうはいかないのだ。これは哺乳類の動物で、乳を赤ちゃんの専用とする機能をはたしてきた、うまい適応の結果であるとも言えよう。

乳利用圏　日本人にとって、牛乳を飲むのは明治以後のきわめて新しい習慣である。同じように中国が乳を利用しない文明を持っている。中国の場合は古来、北方、西方に乳を利用した遊牧民がいつもいて、中国文化は遊牧民文化と政治的、文化的ないろいろなかかわり合いを長くつづけていた。それにもかかわらず、中国は結局ついに乳利用を自分の文化の中にとりこむことをしなかったのだ。中国でも唐代頃には一時乳製品が華北にあって、酪、酥、醍醐、乳腐など一部で使用されたのに、その後乳製品は中国文化の中から消えさってしまった。日本の平安朝初期にも中国文化を導入して、酪、酥などが文献に見えるのに、日本でも中国同様にこれら乳製品は消えさってしまったのである。中国、朝鮮、日本などはこうして、顕著に乳を利用しない文化伝承を持っている国である。

東南アジアの諸国も中国、日本と同様に乳を利用しない文化伝承を持っている国々である。これは、考えようによれば、大変不思議なことである。東南アジア諸国の歴史を見ると、各地の最初の国家形成は、中国文明でなくインド文明の影響下にできあがっている。こうしたインド文明の周辺国家として形成された東南アジアの例をみると、南ベトナムの最初の国、チャンパ王国は、一九二年、カンボジア王国は一〇〇年、タイのドゥヴァラヴァティ王国は四五〇年頃、ビルマのシュリークセートラ王国は二〇〇年より前、スマトラのシュリヴィジャヤ王国は四五〇年頃、ジャワの古王朝が二〇〇年頃といったぐあいに、だいたい日本で大和朝が成立した年代の前後二〇〇―三〇〇年間の間に、東南アジア各地で最初の古代王朝が成立してくる。そしてそれらは全部インド文明を受けて成りたったものである。インド文化は顕著に乳利用文化であることを考慮に入れると、これら東南アジアの古代王朝が、乳利用の習慣をインドから受けとらなかったことは、全く不思議なほどだ。文字や宗教では、これら地域は現在でもだいたいインド文明を基礎としているのに、日常生活、食生活の上では、インド文化と全くちがった型である。このことは生活文化というものが、海外からの高文明の影響を受けても、なかなか変りがたいものがあるということを証明する材料となるだろう。こうして、東南アジア諸国は乳を利用しない文化伝承を持っているのである。

乳を利用しない東南アジアと、乳を利用するインドとの境は、ビルマとインドを境する山岳地帯で、アラカン山脈、パトコイ山脈がその境界線である。とはいっても、この山地民にはいろいろの民族があるが、有力なものはナガ族で、彼等は乳を利用しない。つまりアラカン—パトコイ境界は、山の中は乳不利用圏で、その西のアッサム平地から利用圏に入るのである。アラカン—パトコイ山地の北方にはアッサムヒマラヤ地区がある。ネパール、シッキム、ブータンまでは乳利用圏であるが、アッサムヒマラヤの東半分は乳を利用しない地域になる。そしてその北方では、チベット、さらに北方のモンゴルがこれまた乳利用圏に入ってくる。

旧大陸では、アラカン—パトコイ線、チベット、モンゴルから西方は、大西洋まで全部が乳利用圏である。そしてアフリカに入ると、再び乳不利用地域が出現してくる。西アフリカのギネア沿岸の熱帯降雨林地帯と、同じくそれにつづいたコンゴの森林地帯が乳不利用圏である。これらの乳不利用民族主にネグロとブッシュマンの一部である。

こうしてみると、乳利用ということは、農耕民の中で、牛のようなよい乳用獣の家畜を持っているものでも、決して乳をしぼらない文化というものが相当たくさんあることがわかる。これはつまり、乳利用というのは穀類を栽培する農業より、人類文化史的によほど新しい習慣であると考えてもよいということであろう。乳利用ということは、たぶん西アジアに起源し、それが家畜の伝播のあとを追いかけて伝播したが、東アジアとアフリカ西部まではついに及ばなかったというべきであろう。

こうしてみると、乳加工の伝統を持っていない日本人が、世界的に乳加工の研究をするには、バックグラウンドが足りなくて、はなはだ不利であることは明らかである。それならば欧米人が、世界の乳加工の状況を明らかにした研究があるかと言えば、これまたはなはだ不充分な成果しかないという現状である。やむをえずこれから私の述べる乳加工の体系は、私が実地に見聞したものに若干の文献を加えたものとなる。

西欧から西アジア、インドまでの乳加工については、国連の保健機構（WHO）や農業機構（FAO）[162]がややまとめているが、これらはモンゴルの場合がごっそり欠けている。しかし、モンゴルの乳加工については、梅棹忠夫氏が精しい報告をしている[163]。今のところ私にとってややまとまった参考文献はこれらのほか見あたらない。いろいろな乳利用民の加工法に関して、旅行記などに散乱して見出されるものは、マードック・ファイル（HRAF）[164]その他がたよりになるだけである。こんなすくない資料から、大問題を推定しようとするのだから、なかなかむつかしいことだが、一つの試みを、これから展開してみよう。

乳加工は系列である　乳加工は一つの化学工業のようなもので、原料乳から一つの最終製品、例えばバターをつくるには、かなり複雑な過程を経ている。そして、この複雑な過程の中から、副産物的にいろいろの食品がつくり得るものである。西欧型のバター作りの場合、それはとりもなおさず、今日本でバターをつくる方法であるが、それをまず代表例にとって見てみよう。現在では、バターをつくるのには、原料乳を遠心分離機（セパレーター）にかけて、クリームとスキム・ミルクの二部分に分離するのが第一段階である。クリームは白色のねばった流動体で、これに砂糖や卵を加えて凍らせると、純正なアイスクリームになるわけである。このクリームをやや醱酵させたのち、チャーンとよぶ樽の中に入れてよくかきまぜてやる。そうすると、クリームの中に原バターのかたまりが浮いて出てきて、残りは白い液になる。この白い液はバター・ミルクと呼ばれるものである。この原バターのかたまりを取り出し、水洗し、塩を加えてよく練りあわせると、市販される純粋バターができあがる。バターは脂肪分のなかに、水が細かな粒子となって拡散しているもので、水分を含んでいる。だから熱した鍋にバターの小塊を入れると、チリチリと音をたてて、水分が蒸発するのだ。その音の出ることが、水分を含んでいる証拠である。クリームを樽の中で攪拌する作業をチャーニングと呼び、攪拌用の棒などをチャーナーと呼んでいる。クリームの中からチャーニングによって、バターをかたまらせてかたまりにするのは、はなはだ巧妙な作業であって、非常に珍しい方法だとも言えよう。これはクリームの中に、脂肪分が小粒となって散在しているのを、かきまぜることによって脂肪球を衝突させてくっつかせ、次第に大きなかたまりにしていくという方法で、多量の水分の中から少量の物を集めて取り出す方法としては、他に類例のないものである。バターまたはバター油をつくるには、このチャーニング以外の方法もモンゴル族などにあるから、チャーニングだけが原乳中の脂肪を集める方法であると誤解してはならない。

まず初めの方で原乳からクリームとスキム・ミルクを分離するには、現在文明国では遠心分離機を使っているが、そんな機械はなくても、この分離はきわめて簡単にできるものである。それは新鮮な牛乳を桶や壺の中に入れて、一両日静置しておくだけのことである。そうすると牛乳は自然に上下二層に分かれて上の層にクリーム、下の方にスキム・ミルクと、見た目にもはっきりと分かれてくるものである。ヨーロッパで近代以前はこの方法でクリームを分離していたし、モンゴルなどでは現在でも各家庭で、こうしてクリームとスキム・ミルクを分離している。日本で普通に見られる家庭配達されている牛乳では、一両日冷蔵庫に入れて保存しておいても、こんなクリームとスキム・ミルクの分離がおこらないが、これは、日本の飲用牛乳はホモゲナイズ（機械的に牛乳中の脂肪球をくだいて細かくする）という加工がしてあるからである。日本でも、牧場のしぼりたての牛乳を入手して、牛乳瓶に入れて一両日冷蔵庫の中に入れておけば、この分離は美事におこってくるものである。私の感覚から言えば、牛乳はホモゲナイズ加工を受けると味が変る。舌ざわりといった点に変化がおこっている。私はこの加工を受けてない牛乳の方が、うまいと思っている。興味のある人は、試みてみられるとよい。

西欧型のバターづくりでは、第一段階で、バターの原料以外のスキム・ミルクが大量に出てくるわけである。いやクリームよりスキム・ミルクの方が、量としてはぐっとたくさんとれるものである。スキム・ミルクはただの水ではない。脂肪分こそなくなっているが、蛋白質と乳糖やその分解物が入っている。醱酵させてから飲むこともあり、蛋白質を集めてチーズにすることもできる。スキム・ミルクからつくられるチーズの代表品はカッテイジ・チーズと呼ばれるものである。最近欧米では、バターの生産が増大した反面、スキム・ミルクの処理にこまる傾向となり、乾燥粉末とする技術が完成した。これはスキム・ミルク・パウダーとして、安価な乳製品の代表格となり、日本でも広く売り出されている。欧米からの後進国食糧援助の品目のなかに、ほとんど常にスキム・ミルク・パウダーが見られるのは、こうした生産事情を反映したものである。

クリームをチャーニングすることなく、クリームそのものからクリーム・チーズという、白くて軟らかで滑らかな一種のチーズがつくられており、これまた日本のデパートなどでは容易に入手できる。クリームをチャーニングすると、原バターが浮んでくるが、その残りの液はバター・ミルクである。バター・ミルクはなかなかうまい液体で、特に醗酵のよい酸っぱいバター・ミルクは味がよく、ベルギー、オランダ、デンマークなどでは酸っぱいバター・ミルクが好まれて普及している。バター・ミルクからもチーズがつくられることがあり、バター・ミルク・チーズと総括できる。

以上の通り、西欧型のバター製造法をみると、製品はバターだけでなく、スキム・ミルクやバター・ミルクなど有力な飲用物、加工チーズなどが相伴ってつくられることとなるわけで、全体的にみると、一つの系列としていろいろな食品が得られるのである。このように乳加工は一つの出発点から、いろいろの製品が系列的に生まれる点が重要であって、このことは乳加工のいろいろの場合を通じてほとんど共通する基礎原理である。だから乳加工では、一つの最終製品をとりあげて、そのつくり方

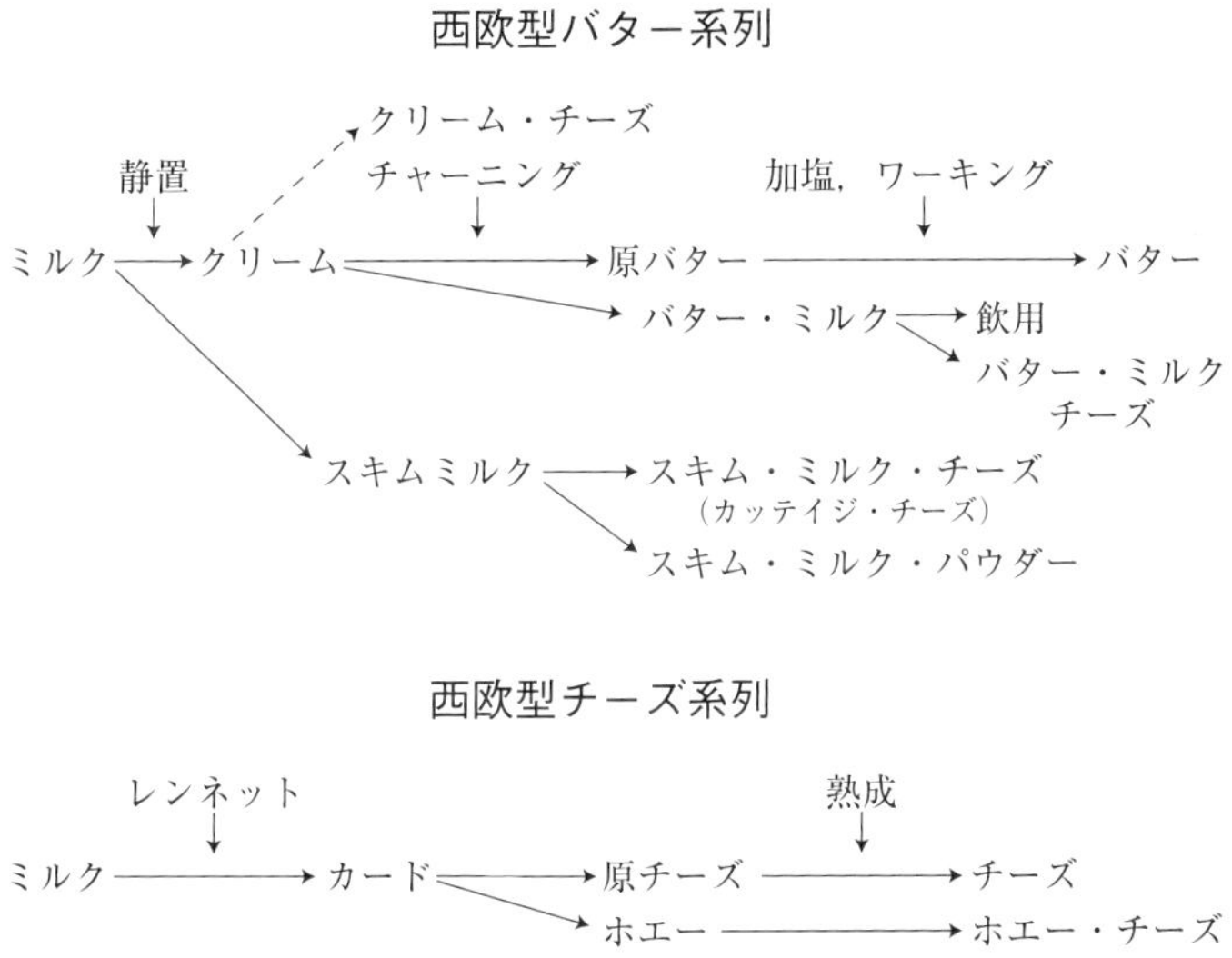

注　醗酵作用がいろいろの過程に作用している。

図３　西欧系バター系列と西欧型チーズ系列による乳加工法

は如何と言うより、それがつくり出される系列全体を理解しないと、加工法としては、はなはだ不充分なものとなってしまうことになる。

このように乳加工を系列として理解して、そのように記述しなければならないということは、梅棹忠夫氏がモンゴル乳製品の報告で提唱したことであるが、私も全く賛成で、そのようにして、いろいろな民族の乳加工法を整理したいと希望するわけである。しかし残念ながら、いろいろの地域、いろいろの民族の乳加工法は、いまのところ、そのほとんどが、系列として捕捉されていない。ただモンゴルと西欧だけが系列の形で提出できるだけである。インドもある程度できる。それで、便法としてここでは、系列群という概念を提出して、それで整理をしてみよう。

いまのところ、はっきりした系列群は四つあって、それは酸乳系列群、加熱濃縮系列群、クリーム分離系列群、凝固剤使用系列群である。この四つを区分する原理は、類型分類であって、直接には進歩発展の歴史をめやすとした系統分類ではない。しかし後述するように、類型区分であっても、ある程度は進化の歴史を反映する点もあるものである。これら系列のどれからもチーズが現われ、また前の三者からはいずれもバターが取り出されている。

怪しげな系列　いろいろな民族がさまざまに乳加工をしているが、それらが系列的に如何なるものであるかの決定は、大多数の場合きわめて困難である。

原住民は桶や鍋、革袋くらいを主な道具として、静置したり醱酵させたり、加湿したり煮つめたりという一見何でもない作業を無雑作にやって、いろいろな最終製品をつくり出している。その一つ一つの作業は、原料乳のちがい、醱酵に関与する菌やバクテリアの種類、凝固剤の種類と作用のいろいろなど、農芸化学的にその意味を一つずつ明らかにしなければ、決して系列のもつ意味が明らかにならない。このような複雑な問題をもつ乳加工を、旅行家、探検家の目で見て記載されたものは、極度に混乱した報告が多数あらわれてきて、その真偽をつきとめることはきわめて困難である。私の試みは、この混乱のなかから、一つの整理法の試案として、系列群という概念を持ちこもうとしたものである。

こうして四つの系列群を設定してみると、たちまち私には、ここに系列外の加工法らしきものが思い出されてくるのだ。それはブータンのフィルーである。フィルーは白色の軟チーズ状の乳製品で、弾力性があって、引きちぎると餅のように延び、ネバネバしていて、味は酸味がなく、非常に上等な乳製品である。フィルーをつくるには、乳を集めて入れておく容器の壁に、毎日毎日洗わずに使用していると、白く附着してくるものの層ができる。これをかき集めてつくったものだと聞いている。ブータン人でフィルーをたくさんつくろうとする時は、乳容器の中に竹籠をはめこんで、附着する表面積を大きくして増収をはかっている。これはいわば容器壁附着系列とも言いたいが、むしろ、加工の一つの方法と見た方が適当であろう。ところで、こうしてつくられたフィルーは、私の経験では乳加工品の中では一番うまいものだと断言できよう。上等なフランス料理で食後に食べる多種類のチーズの中にも、これに及ぶものはないだろう。

ところが、食味の点でフィルーに匹敵し、形や肉質もそっくりのものを、私はモンゴルでも食べたことがある。これはビシラクと呼ばれていた。これのつくり方は、梅棹忠夫氏のモンゴル乳製品のつくり方の入念な調査にもかかわらず、まだよく判らないものである。ただしモンゴルのビシラクは原料からみると、スキム・ミルクにあたるものからつくられていることは確実である。フィルーとビシラクは非常によく似た製品である以上、つくり方の原理も共通に近いものではないかと私は想像している。乳製品にはこんなぐあいに、つくり方がよく判らないのに、製品は確かにあるものがあり、しかもそれが乳製品の中で美味であると判定されるなど、まだまだわからないことで一杯である。

酸乳系列群　酸乳系列群と私が名づける系列群は、乳を醱酵させて酸っぱくし、その際にむしろ不要な乳糖を乳酸、あるいはアルコールに転化させる加工法である。その方法は放置するだけ、あるいは前日の醱酵乳の残部を加えて放置するだけの操作である。ただしアルコールに転化させるには、攪拌が伴っている。これだけの加工で、大人に対する乳糖問題がほとんど解決できるものである。この酸乳系列群は、旧世界の乳利用圏全部にわたって見出されるもので、したがってその分布も一番広く、またもっとも古い形態の加工系と考えられるものである。

酸乳系列群は、その出発点のちがいで、二つの亜系列群に分けられる。その一つは新鮮乳をそのまま醱酵させる方法で、他は新鮮乳を一度加熱殺菌してから醱酵させる方法である。これから、前者を冷醱酵酸乳亜系列、後者を加熱殺菌酸乳亜系列と呼ぶことにする。いずれの亜系列からも、バターもチーズもつくられることがある。

加熱殺菌酸乳亜系列群は、インド、西アジア、チベット、近東、および東欧、バルカンにのみ存在するもので、他の地域では全部、冷醱酵酸乳亜系列である。すなわち西ヨーロッパ、ロシア、中央アジア、モンゴル、地中海域にあり、アフリカのネグロの乳加工体系もほとんどはこれによっている。

冷醱酵酸乳亜系列は、典型的に西欧やロシアに発達しており、酸乳が大量に消費されている。イギリスではサワー・ミルク[165]として知られ、室温で一―二日間醗酵させたものである。ロシアではこれらの需要が大きいので、近代型加工法がおこり、そこでは醗酵の安定性のため加熱殺菌と純粋培養菌で醗酵させる近代工業がおこっているが、もともとは冷醗酵型のものであった。

スカンジナビアの有名なロング・ミルク[166]は、ねばねばした酸っぱい飲みもので、伝統的に大量に消費されており、非常に日持ちのよいものである。ノルウェーのセラー・ミルク[167]は、春に大型の容器に生乳を入れ、ロング・ミルクをスターターとして加えて醗酵させる。その温度は一〇度とすると、乳は粘度を失ない、同時に乳酸の風味を持つ製品となり、一〇ヵ月、あるいは二年間も貯蔵できるという。

酸乳の一つの形態として、ヨーグルトがある。これは濃厚な乳を酸乳化すると、酸の作用により蛋白が凝固するものである。日本の市販のヨーグルトはスキム・ミルクなどを加えているが、伝統的なものは生乳をそのまま凝固させる。ギリシア、ルーマニア、ハンガリー、ブルガリア、トルコ、コーカサスなどは伝統的なヨーグルトの国である。ヨーグルトはおそらく本来は冷間で酸乳を凝固させたものと考えられる。

アフリカのネグロとブッシュマンの乳加工　アフリカの乳加工の詳細はまだわかっていない。しかし大体の形勢はこうであろう。地中海に近い地域、つまりサハラ砂漠の北方とそれにつらなるソマリ地方は、コーカソイド系の人種が住んでおり、彼等は乳加工については、基本的にはインドの方法と連帯している。それに反して、主としてサハラ砂漠以南に住むネグロ系とブッシュマン系の民族は、主として酸乳系列群の乳加工体系のみを持っている。

まず初めに、乳利用圏の最南端となる南アフリカのブッシュマン系のホッテントット民族をみてみよう。ブッシュマン系はカラハリ砂漠では未だに狩猟採集民として残っているが、ホッテントットは文化変容をして、牧牛民族として知られている。ホッテントット族は食品として狩猟品を尊重しているが、牛牧民として、乳を高く評価して、日常の主食としている。その乳の食べ方は、(168) 野生の蔬菜類、イモ類、時としてアカシアの花などを混ぜるという料理法が多いが、多分その間に醱酵酸乳化が若干おこったという料理であろう。彼等はそのほか、牛乳を貯蔵し、酸乳化したものを飲み、さらに醱酵がすすんだものから、バターをつくることもある。バターづくりには、この醱酵乳をヒョータンの中に入れて、約三時間ほど転ろがしてやる。つまりチャーニングするわけである。出来たバター・ミルクは飲用となり、バターは生のまま料理に使用される。これは酸乳系列群の中から出てきたバターづくりと判断され、興味深いものである。

西アフリカで、乳を利用しない地域に境となって居住する乳利用民の大民族はハウサ族である。彼等は雑穀農業者として著名であるが、牛を飼って乳をしぼる。その乳は酸乳とされて、食事にそえられている。

アフリカのネグロ系の中で、一番牧畜にたって生活している民族は、ナイロート系と呼ばれる民族がある。ナイル河の上流から、ケニア、タンザニアなどにひろがって住み、遊牧、あるいは農牧兼業の生活をし、牛乳が主食になっている民族である。このナイロート系のなかには、調査された結果、大人にも乳酸分解酵素の分泌者のパーセンテイジが高いものがあり、北欧人についで、牛乳使用に体質が適応しているものがいることは興味深い点である。

タンザニアのナイロート系民族であるダトーガ族は主食は生乳と乳製品である(169)。乳製品は酸乳でその製法は牛乳をヒョータンに入れ、天井からぶら下げ、前後一〇分間ほどゆさぶってから放置する。製品はサージャンガといい、クリームがふわふわと浮いた酸乳である。

ナイロート系のもう一つの有名な民族であるヌエール族は、ナイル河上流地域に住み、農、漁業と牧牛との兼業であるが、牧畜の重要性が一番高いという生活をしている。ヌエール族の乳加工(170)は次のようである。生乳はそのまま飲まれる。特に子供が飲むという。あるいは生乳と雑穀との粥がつくられる。このほか保存された乳は高温下で迅速に酸乳となり、ヨーグルト状に凝固してしまう。これはしばらく煮たのち、ホエーにあたる分を分けると、チーズ分がのこる。このチーズは黄色で、網袋に入れ、天井にぶら下げて保存する。

アフリカのネグロ系の乳利用者は、大略酸乳系列の乳利用体系の保持者と見做してよいだろう。ただしその中から、バターづくりも、チーズづくりも出現しており、内容は相当複雑であると言えよう。このことの詳細な研究は、バターやチーズの製造が伝播によるものか、独立発生をしやすいものであるかを見きわめるのに役立つものと言えよう。

インドの酸乳系列群加工　インドは乳を大切にする文化を持っており、古代から乳製品がつくられている。現在でも田舎の生活では各家庭が牝牛を持ち、牛乳を自給し、自家加工している。インド人の食生活と乳製品は、切っても切れない深い関係にある。インドの乳製品の一つの特色は、牛のほか、水牛が重要な乳獣になっていることである。水牛の乳は普通の牛と成分がすこしちがっているために、その乳製品には微妙な特色があらわれてくる。

インドの乳加工法は、非常にバラエティに富んでいる、広く普及しているものを見ると、最終製品としては、ダヒ、ギー、キールの三つで、その加工体系は加熱殺菌酸乳系列亜群と、熱濃縮系列群でつくられている。このほかインドには凝固剤使用系列群の加工法もあるが、クリーム分離系列群の存在だけは今のところ見あたらない。インドの乳加工の文献は割合たくさんあり、ここでは主としてワット卿(171)にたよって記述しよう。

インドで一番多量、普通に行なわれている乳加工は、生乳を初め煮沸する。それを温度が下った所で前日使用した容器に、前日の製品の少量をスターターとして加えて醗酵させる。普通一晩以上醗酵させると乳は酸っぱくなり、軟らかな豆腐状のかたまりとなる。これがダヒ(172)であって、大量に食用として消費されている。ダヒはまぎれもなく、ヨーグルトである。このダヒはそのまま食用にするほか、さらに加工してバターづくりに使用される。

ダヒは壺の中でチャーニングされると原バターが分離して浮いてくる。このさい出てくるバター・ミルクは飲用になる。インドのバターの特色は、原バターを鍋の中で熱でとかし、純粋の油分だけを分離する点である。これはバターというより、バター・オイルとも言うべきもので、インドの高温下でも、まずまず固体化している。このバター・オイルがすなわちギー(173)であって、インドの日常の料理用として、広く消費されている。インド料理は常にこのギーを用いて料理されている。

インドではもう一つの系列、加熱濃縮系列が典型的に発達している。その代表最終製品はキール(174)である。キールは生乳を鍋の中で、攪拌しながら煮たてて濃縮したもので、コンデンスト・ミルクにあたる製品であって、無糖と加糖のものと両方がある。キールよりもっと加熱濃縮の程度が高くて、水分量が三〇―四〇パーセントまで濃縮されたものがコヤ(175)であって、インド常温でかたまりになっているが、保存力は弱く、四日ほどしかもたないという。

ラブリイ(176)は生乳を鍋の中でしずかに煮たて、表面にできる薄皮をなんども取りのぞき、残液が八分の一までなった時、砂糖と薄皮を再びこれにくわえて、よくかきまぜてつくりあげる。この時砂糖を加えないと、マライというものになる。

以上インドで最も普通な乳加工をみると、加熱殺菌酸乳系列亜群にダヒとギーがあり、加熱濃縮系列群としてキールやコヤがあることになる。チーズ類はインドではきわめて局限された地方でつくられているだけである。インドの乳加工の特色は、その出発点でいずれも加熱殺菌の工程から始まることである。これは熱い気候の下では、乳の腐敗がおきやすいので、それを予防する方法として理解している人も多いが、それだけでは説明困難である。何となればインド的なギー製造加工法は、冷涼なチベットとほとんど共通するし、また熱帯アフリカのネグロなどが、加熱しない酸乳系列群を持っていることの説明も困難になる。つまりインドの加熱殺菌法は風土的な原因の説明より、文化伝承の原因の方を重くみるべきである。それに、インドでも、加熱殺菌しない酸乳系列群が存在している。南インドの山間部に住むトーダ族は、はなはだ原始的な民族と言われているが、彼等は牛を飼い乳製品をつくっている。その乳加工法(177)は、加熱殺菌しない乳の酸乳化したものを、チャーニングしてバターをつくっている。インドにも原始民のなかには不加熱酸乳系列亜群があって、それでバターをつくっているのである。

インドにはこのほか、系列問題としてみると大変面白いものがある。それはバターのつくり方が二法あって、その一つは前述したダヒをチャーニングしてつくる方法であり、他は生乳そのまま、あるいはやや酸乳化したものをチャーニングしてつくる方法である。これは生乳からクリームを分離してからチャーニングする方法にくらべてはなはだ原始的な手法である。この方法によると、バターの収量が悪く、品質が劣っている。しかし残ったバター・ミルクはダヒやキールに加工して、品質がほとんど全乳のものと変らないとされ、その意味で存在価値があるとされている。

インド近隣国の乳加工系列　インドに非常によく似た乳加工系列を持つのは、インドの北隣りのチベット、ブータンなどである。チベット、ブータンの乳加工の主要なものは、加熱殺菌酸乳系列で、その点はインドと一致しているが、インドでもう一方普通である加熱濃縮系列はチベット、ブータンには見られない。

チベット系文化では、加熱殺菌後の出発点となるダヒは単に製造上の過程とされ、その形で食用にされることは稀である。したがってチベットの乳のほとんど全部は、ダヒの形態をとった後、チャーニングされて、バターが取り出され、それからバター・オイルの形に変形されて貯蔵されている。つまりギーである。

チベットがインドともう一つちがう重大な点は、チーズが大量に普通につくられていることである。このチーズは、ダヒをチャーニングして、バターのかたまりを取りのぞいたバター・ミルクから製造される。このバター・ミルクはラッシーとよばれ(178)、これを鍋の中でおだやかに加熱すると、蛋白分などが凝固してくる。この凝固分を分けて水を切って乾燥させると、チベット型のチーズとなり、チュルピーとよばれている(179)。シェルパ族などチベット系民族はこのチーズを非常に高く評価している。チュルピーを作る時、当然ホエーが出てくるわけだが、私は犬がそれを飲んでいるのを見たことがある。

インドの西隣りにアフガニスタンがある。アフガニスタンの遊牧民(180)は加熱殺菌酸乳系列亜群を持っており、インドのダヒにあたるマーストをつくっている。マーストを手に攪拌してチャーニングして、バター（マスカ）をつくることもインドと同じである。ただここには、マーストを布袋に入れて、水分をきって乾燥させて、チャカとよぶ軟チーズをつくり、またマーストに塩を加えて煮つめて乾燥したクルートがある（加塩したチーズはトルコにもある）。これは部分的に加熱濃縮系列群の技術が存在する例と言うことができよう。

近東地域になると、代表的遊牧民はベドウィン族であろう。彼等の乳加工(181)は、しぼりたての乳を瞬間的に煮沸したあと、体温程度に冷やし、乳酸菌を加えると、四—五時間でヨーグルト状のレバンができる。羊の皮袋に入れて保存する。水で薄め、ハッカの葉をきざみこんで飲む。かなり酸味が強いものである。これも、インドのダヒにきわめて近似したものと言えよう。

大局的にみて、近東、北アフリカの乳加工はインドと共通している点が多い。エジプトでは、インドのギーと同様なバター・オイルがつくられており、サムナ(182)と呼ばれている。北アフリカのベルベル系の民族は牧民として知られているが、例えばその系統のサハラ砂漠の中のホガール山地に住むツアレグ族(183)をみると、生乳を酸乳とした後、革袋でチャーニングしてバターを脱水してバター・オイルにするなど、インドと部分的に共通する。またレンネットを使ってチーズをつくるが、その時乳は一度加熱してから凝固操作に入る。北アフリカで東方に住むソマリ人も、同じように革袋で酸乳をチャーニングしてバターをつくるという。

以上の地域の、主としてインドが典型的な酸乳系列群と熱濃縮加工系列群は、前者の系列でインド、チベット、アフガニスタン、近東、北アフリカまでが、互いに何らかの共通点を持つ一つの地域としておぼろげながら浮びあがってくる。それにたいして西欧は、この地域から乳加工技術を学びながら独自な発達を遂げた地域と見られよう。これにたいして、ユーラシア大陸の北方の遊牧民は、総体的にかなり異った乳加工体系を持っている。私をして言わしめれば、乳利用圏は、その加工体系の複合性をめやすにして、この二大圏に分割できるのではないかと推定される。しかし乳加工の細かな問題、例えばチャーニング容器などをみると、この二大圏の中に相互の交流も考えてやらなければならない。乳加工の問題は途方もなく錯雑した複雑な問題をはらんでいる。

北方遊牧民とモンゴル族の乳加工　ユーラシア大陸の中央部を占める砂漠とステップ地帯は古来から現在まで遊牧民の活動舞台であった。そのうち、あるものは乳製品が主食であったことは、中国側から観察した文献でもよく知られている。実に彼等遊牧民は、農耕を行なわないので、乳加工品が自給しうる重要な食品となっていた民族であり、乳加工技術の問題点からみると、特別に興味深い民族である。

北方遊牧民やモンゴル族の古来から持っていた乳加工の基本は、酸乳系列群に属すると判定できよう。彼等の間では、乳を酸乳として飲むより、一種のドブロク状の酒にまで加工してしまうことが、いちじるしい特色である。馬乳酒と有名なクムイスがその代表である。現在になると、モンゴル族では馬乳酒は知ってはいるが、ほとんどこれをつくらず、そのかわりに牛乳のドブロクをつくっている。

この遊牧民によるドブロク状の乳酒のつくり方は、酸乳系列群の亜群と見做してよいだろうから、これをクムイス亜群と称することにしよう。モンゴルによるつくり方は、馬乳をまずモドン・ガン（細長い桶）に入れ、三―五日ほどたびたび攪拌してやる。あるいは乳を革袋に入れ、ゆすぶってやる。その後二日ほど新しい乳を補給して、攪拌をつづける。そうすると数日後に馬乳酒（モンゴル語でチグー）ができる。牛乳から同様にしてつくったものは、モンゴル人はエーラグと呼んでいる。このドブロクのつくり方と、単なる酸乳のつくり方との操作上の一番大きいちがいは、ドブロクの時はたえず攪拌してやることである。

このドブロク型の乳酒は、モンゴルからはじまって西方の遊牧民と共通し、ロシアにまで及んでいる。キルギス族はこの方面で有名なので、各種乳酒のよび方を、モンゴル族とキルギス族で対照して表3に出しておく。中央アジアの砂漠、ステップの遊牧民のみならず、北方のシベリアの森林に住むヤクート族もクムイスづくりで有名である(184)。ヤクート族(185)で面白いのは、酸乳を革袋に入れて、馬につけて歩かせると、バターが分離してくるというバターづくり法があることである。これは酸乳系列群による原始的バターづくりの好例と見做しうるだろう。

この北方の遊牧民のつくるドブロク型の乳酒は、酒といっても非常にアルコール分のうすいもので、むしろ栄養飲料と見做した方がよいかもしれない。それは、乳糖をアルコールに転換させて、大人の消化吸収に都合よくしたものと解することができる。北方遊牧民の乳酒の種類には、クムイスに代表されるドブロク型の乳酒のほか、もう一つ、非常に有力な蒸溜酒がある。それを忘れては乳酒はは な

表3　北方遊牧民の乳酒の呼称

		キルギス語	モンゴル語
ドブロク	馬乳	クムイス	チグー
	牛乳	アイラン	エーラグ
蒸留酒		アラック	エルヒ

（梅棹忠夫 1952）

はだ片手おちになる。蒸溜酒については、後で述べる。

日本のカルピスは、珍しくも日本人により創意工夫された、乳酒系の乳酸飲料である。これは発明者の三島海雲氏が大正八年、モンゴル旅行の時、現地の製品からヒントを得て、日本へ帰ってから、工夫して発明したものである。カルピスの香りは乳加工品の中でも、私はもっとも高級な香りであると、尊敬している。

モンゴル族の乳加工文化はたいへん美事に発達していて、インド、西欧とならんで、世界の三大乳文化国であると表現することもできよう。前記のドブロク型の乳酒のほか、バター、各種のチーズ類、蒸溜酒などがその中からつくり出されている。それらに関与する加工系列群は二つあって一つはクリーム分離系列群に、一つは加熱濃縮系列群に入っている。

クリーム分離系列群に入るものは、梅棹忠夫氏によって、ジョッヘ系列と名づけられたもので、チャハルモンゴルで盛行しており、その主な最終製品はシャル・トス（バター・オイル）とホロート（カッテージ・チーズ）である。この系列の亜系列としては、蒸溜酒であるエルヒを得るのを主要目的としたエーラグ亜系列がある（図4）。この系列は西欧型のバターづくりの系列の知識で理解しやすい。牛乳を壺に入れて静置し、上に浮かぶジョッへ（クリーム）と、下層になるエードスン・スー（スキム・ミルク）をまず初めに分離する。ジョッへ（クリーム）を手または棒で攪拌してチャーニングしてやるとチャガン・トス（バター）が浮かんでくる。チャガン・トスを鍋で加熱してバター・オイルにあたるシャル・トスを分離する。この操作はインドのギーづくりの時と全く同じであって、したがって出来あがったシャル・トスはインドのギーと全く同一物である。シャル・トスは羊の胃袋を裏がえした袋につめて固化させたものが、何年も貯蔵されている。

一方エードスン・スー（スキム・ミルク）の方は醗酵をすすめ、カード状になったエードウムの水を切り、加熱すると、蛋白が凝固してくる。この固型分を集めて水をきると、主要な食品となるホロートが得られる。ホロートはつくられた当時は白色、硬い豆腐状のもので、肉質はもろく、美味である。しかしホロートを長期間貯蔵すると、石のように硬いかたまりとなってしまう。このようになったものを食べるには、スゥティ・チャイ（牛乳、塩入りの茶、前出）の中に入れて、しばらくふやかして軟らかくした表面からかじって食べる。ホロートはモンゴル人の主要な食品の一つで、そのつくり方からみると、西欧のカッテージ・チーズに近いものと言えよう。

ジョッへ系列のすぐれている点は、亜系列のエーラグ亜系列をほとんど常に伴っていることにある。これはまず初めにエーラグというものをつくる。それはジョッへ系列の中に生ずるエードスン・スー

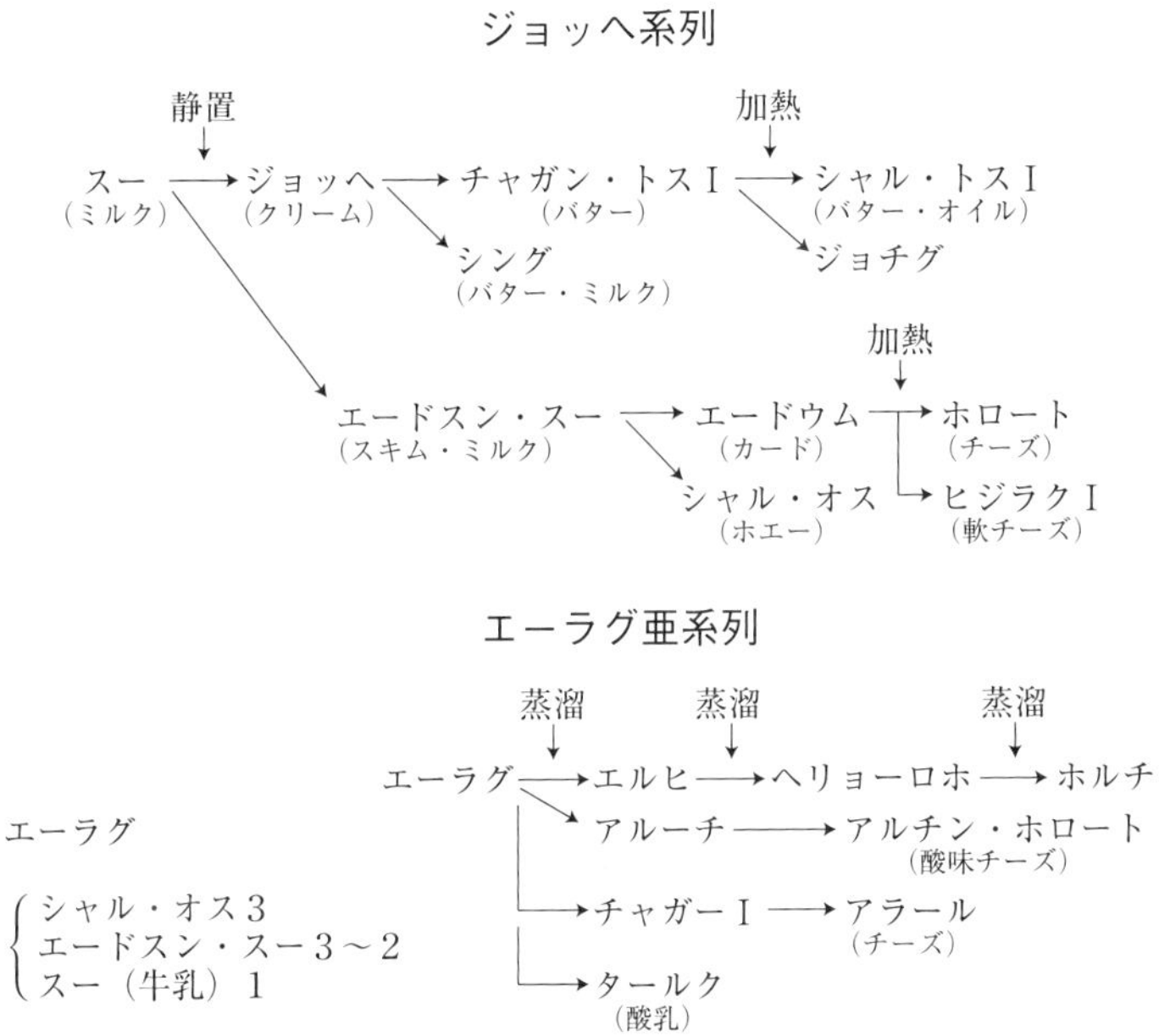

（梅棹忠夫〔1955〕改）

図４　モンゴルにおけるクリーム分離系列

三、シャル・オス二、スー（牛乳）一の割合に混合した液体で、白い色をしている。このエーラグをモドン・ガン（細長い木桶）の中に入れ、時々攪拌しながら醗酵させる。充分アルコール醗酵が進んだところで、これを蒸溜すると、エルヒと呼ばれる蒸溜酒が得られる。エルヒはビールのように淡黄色をした酒で、かなり強い酸味がある。アルコールの濃度は酔いかげんから判断すると、ビールより強く日本酒より弱いといった程度であろう。モンゴルではどの家でもこのエルヒをつくっており、客人にまずエルヒを供してくれる。乾燥した気候の下で、つめたい酸っぱいエルヒは非常に口あたりのよいものである。モンゴルの乳酒としては、エルヒがこのように普及しており、ドブロク型の乳酒は、稀にしか見ることはできない。

エルヒを再蒸溜するとヘリョーロホとなり、もう一回蒸溜するとホルチになる。これらは普通の民家ではめったにつくらないものである。ホルチは非常に強い酒で、コニャックのように強い香りがある。原料のエルヒの香りから想像もできないような独特な強い香りである。その香りは、どことなくカルピスの香りとも一脈通じている酒である。私はアジア、アフリカ諸地域を旅行するたびに、その地の地酒を機会ある限り味ってみたが、今まで正直なところ文明国のホテルやバーに出せる酒はめったになかった。しかしこのモンゴルの乳酒の一つであるホルチだけは、文明国のホテルやバーへ持ち出しても、高い評価を受けること確実だと推薦できる。

エーラグからは酒づくりのほか、アラールというチーズ状のものもでき、またエーラグを長期保存して、充分酸乳化が進行したものは、タールクと呼ばれて、飲用に供される。またエルヒをつくった酒糟からつくる一種のチーズとも言えるアルチン・ホロートも忘れられない。これは大変酸味の強いもので、硬い塊状をしているが、これをけずってとかすと、酢の代用として大変よかった記憶がある。なかんずく、酢味噌としてよいものだった。

モンゴルには、もう一つ普及した乳加工系列がある。それは加熱濃縮系列群に入るもので、モンゴルで目立つ製品に目をつけて、ウルム系列と呼ばれるものである。チャハルでウルムと普通によばれているものは、乾いた半円形をして、内側にバターの層が厚くみられるもので、ガタースン・ウルムの別名もある。厚さは二センチくらいまでである。ガタースン・ウルムのつくり方は牛乳を全然醗酵させることなく、大きな鍋で火にかけて、ゆっくり濃縮する。その時、乳の表面にすこしずつ泡だちながら、牛乳の膜ができる。その膜はだんだん厚くなる。時々慎重にこの膜を破ってやり、濃縮を促進する。火をとおしてから一晩おくと、鍋の中の牛乳の厚い膜と、それにつらなった固化したバター・オイルの層が浮かびあがっている。この膜をとり出し、二つ折りにする（油層を内側にして）と、半円形のガタースン・ウルムができあがる。これはそのまま食べて非常に美味であり、茶に浮かして食べてもよい。日本人には乳製品を嫌う人がかなりいたが、その誰もがこのウルムだけは喜んで食べた。

もう一つのウルムは、鍋の中の乳の表面いっぱいに、脂肪分がたまった時、とり出して桶に入れて貯蔵する。白色の粘っこいペースト状のもので、当然その貯蔵中に醗酵がおこると考えられる。この『べとべとウルム』を加熱して、バター・オイル分を集めると、シャル・トス（バター・オイル）が得られる。製品はジョッへ系列から得られたシャル・トスと同一のものである。この方法は、私はシリンゴル地域でよく見かけた。

ウルムつくりは出発点が明らかに加熱濃縮である。インドのキール、コヤの場合は、よく攪拌しながら加熱濃縮するのだが、モンゴルのウルム系列の時は、静かにゆっくりと、加熱濃縮をやりながら、

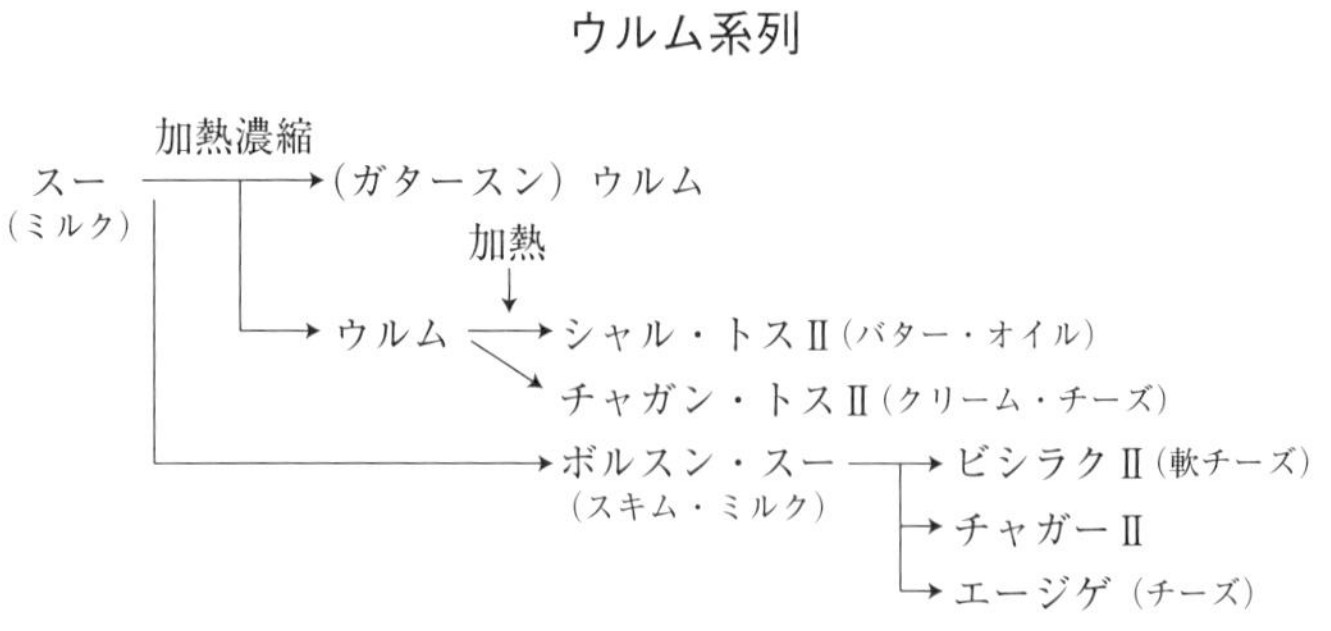

（梅棹忠夫〔1955〕改）

図5　モンゴル族における，加熱濃縮系列

鍋の中で上下に分かれる層を分離する方法である。この点同じように加熱濃縮といいながら、両方は内容的には大変ちがった方法であろうと言えよう。

　モンゴル族の以上のようなたくみな乳加工法は、外モンゴルでは如何、あるいは近接放牧民ではどうであるかといった問いには、今のところ答えることはできない。ともかく内モンゴル族は乳加工に関しては、想像外のすぐれた文化を持っていることは明らかである。

凝固剤使用系列群　これは西欧人が見た目であるが、チーズの起源として、こんな想像[186]がある。往古のころペルシアまたはトルコで、旅行者がその日の飲用の山羊の乳を獣の腸の袋の中に入れ、それを駄獣にかけて一日旅行した。夕刻ひらいてみると、乳はすんだ水と、固形物とに分離していた。偶然こうして牛乳から固形物を得たのが、チーズの始まりであった。

　これでまずわかることは、チーズの原産地としては、西欧でなく、ペルシアまたはトルコあたりの近東地区が想定されること、次に乳の固化が動物の消化器の成分と何らかの関連があることである。今日西欧で普通のチーズづくりに必ず用いられている乳凝固剤はレンネットと呼ばれるもので、これは哺乳中の仔ウシの第四胃から抽出したものである。仔ウシの第四胃から抽出する成分など、ずいぶん思いがけない発明のようだが、これは動物の内臓を水や乳の容器として、日常的に使用していた民族にとっては、別に不思議でない発見である。

西欧の標準的なチーズづくり（図3）は、生乳の中にレンネットを加えて、乳を凝固させる。この凝固した豆腐状のものをカードと呼んでいる。カードを取り出し、水（ホエー）切りしたのちかたまりにして、長期間熟成させる。この熟成の時にはいろいろの菌類が作用して、チーズのいろいろな種類の相違の原因ともなっている。

このように、出発点で仔ウシの第四胃からとったレンネットを加えて乳を凝固させるチーズのつくり方は、西アジア、近東、北アフリカなどに見出される方法で、その地方の今日の回教圏では大略それがある。このレンネット使用が、乳加工における凝固剤使用系列群の一半を占めている。凝固剤使用系列群の他の半分は、植物性の凝固剤使用による方法であって、これはインドとアフリカにある。

インドの乳加工文化は、ダヒ、キール、ギーの三者を得るのを中心としているが、チーズ類もところどころでつくられている。インドのチーズ類はチャーナと呼ばれており、通常一度加熱殺菌した乳からつくられている。それには、乳を常温まで冷したのち、植物性レンネットか、酸味の強い果実

（柑橘類）の汁などが加えられて、乳を凝固させる。これからチーズがつくられる。インド方面のチーズの中でもダッカ（バングラディシュ）が著名な産地である。

インドでチーズによく似たもう一つの製品はラスゴーラである。[189] これは加熱殺菌した乳をライム（レモンに似た小型柑橘）の汁で凝固させ、水きりした後、ダンゴ状のボールとし、油で焼いて、表面を茶色にする。これを蜂蜜の中で煮ると、甘い菓子になる。その肉質はややシコシコして、なかなか美味な食物である。私は何回も食べたことがある。

アフリカのネグロの乳利用民も、植物性レンネットを使用して乳の凝固をさせているようであるが、その詳細はよく判っていない。アフリカで凝固剤として有名なのはバオバブの木の果実である。これは酸味が強いもので、インドのライム使用に似たものと理解できよう。ユーラシア大陸北方遊牧民、モンゴル族、チベット族の中には、いまのところ、凝固剤使用系列群の加工法は見出されない。

乳加工における凝固剤使用系列群はこのようにチーズまたはチーズにきわめて似た製品と結びついている。それで、チーズの定義をレンネット（動物性、植物性を併せて）で凝固させ、カードとしたものから熟成してつくりあげるものとするのが、多くの農芸化学者の立場であるようである。しかしこれは狭義のチーズの定義であろう。モンゴルのホロート、チベットのチュルピーなどは、酸乳系列群から出てきた製品であるが、この地方への西洋人の旅行者は、これらをチーズという表現で書いている。私はこのように、チーズという語を広義にとって、今まで述べてきた。そうするとチーズとは、乳よりつくられた固形の食品で、乳より保存力のよいものというのがその定義になる。この立場にたつと、チーズという概念からかなり離れてくるような、モンゴルのアルチン・ホロートなども、しぜんにチーズのカテゴリーの中に含まれてしまってくることになる。このほうが、全世界的にみた乳製品の類型区分に便利であると考えたからだ。凝固剤使用のチーズは、この広義のチーズの中で、よい品質のチーズをつくる方法として発達してきたものと見てよいだろう。

乳加工系列の複合文化要素　乳加工は西欧人にとっては親しみぶかいもので、彼等が他民族を見る時には、いつもこの点は注目している。それにもかかわらず、今までのところ、乳加工民の乳加工文化の体系的分析はほとんど怠ってきた。乳加工文化と高級な文化現象との関連などに、かえって注意してきた人もあるが、これから、そんな問題よりもっと低次元とも言える文化要素との関連をすこし考察してみよう。それは乳加工の道具の問題である。

いろいろな各地諸民族の乳加工の道具をみると、どこの家庭にもありそうな台所用具でたいてい用が足りている。壺、桶、鍋、革袋や、水切り用の簀《すのこ》や、編み杓子などである。

このうちかなり目立つものは、チャーニングをするための容器であろう。チャーニングの容器はインドや西アジアでは壺が用いられ、パキスタンから西アジア各地では革袋がよく使用されている。木製の細長い桶をチャーニングの時の容器として使用するのは西欧の古来の習慣である。その一例として、アイルランドのチャーン（チャーニング用の桶）とチャーナー（チャーニング用の棒）のいろいろ

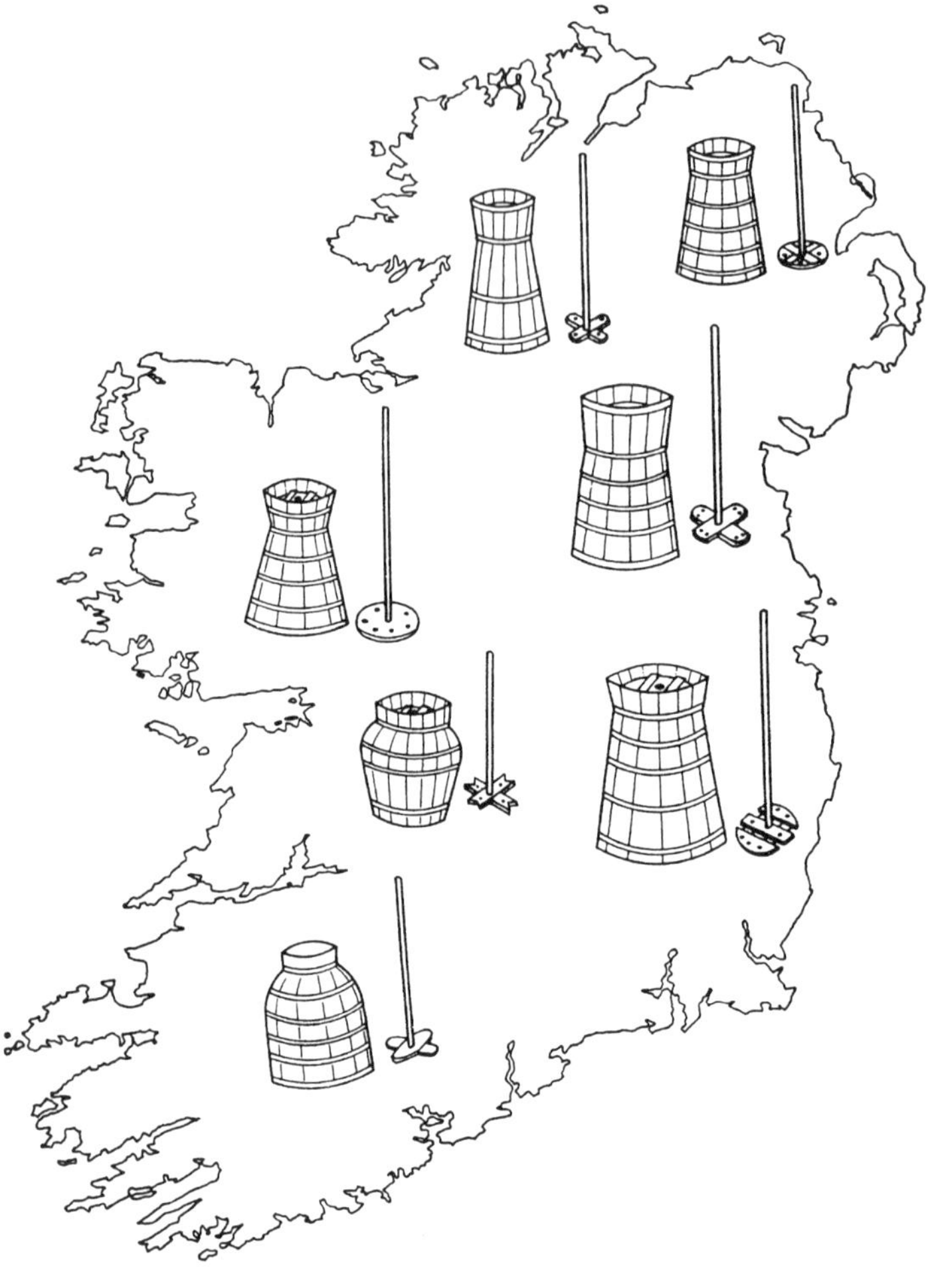

図6　アイルランドの伝統的なバターづくり用のチャーンとチャーナーのいろいろ.　(Evans)

を示すと図6のようになる。フランスでも、同様で、画家のミレーのデッサンによく示されている（図7）。ところが、これと全く同じ形のチャーンとチャーナーがモンゴルにもある（図8）。これはモンゴル語でモドン・ガンとよばれていて、乳加工用ではあるが乳酒のエルヒの醱酵槽として専ら使用されていた。チベットにも同様な桶があり、チベット文化を受けたブータンでも同様な桶でチャーニングしてバターを分離している。チベットでは、インド風の矢羽形のチャーナーを回転させる方法もかなり普及しており、今まで述べたチャーンとチャーナーは彼等の日常飲用のスッチャをつくるのに普通に使用されている。スッチャはモンゴルのスゥティ・チャイとほとんど同一のもので、磚茶（ダンチャ）の茶の中に塩かソーダを加え、バター（あるいはバター・オイル）を加えて攪拌してやる。この攪拌用にこの桶と棒を使うのである。

こうしてみると、ユーラシアのやや北より、アイルランドから西欧、モンゴル、チベットに同じ型式のチャーンとチャーナーがほとんど連続して分布していることになる。しかしその用途は、モンゴルでは乳酒醱酵槽に、チベットではスッチャ混合用にと、使い方はすこし異なるが、いずれも乳に関係したところで使用されている。このチャーンとチャーナーの形をみると、これは本来バターづくりのチャーニング用として発達してできたものであることは疑いをいれない。

この桶型チャーンとチャーナーが、クリーム分離系列の乳加工と複合したものであるかどうか、吟味をしてみよう。西欧とモンゴルではともにクリーム分離系列の乳加工体系を持っていることはよく

図7　ミレーのデッサン「牛乳をかきまわす女」木桶の中でクリームをチャーニングしている．

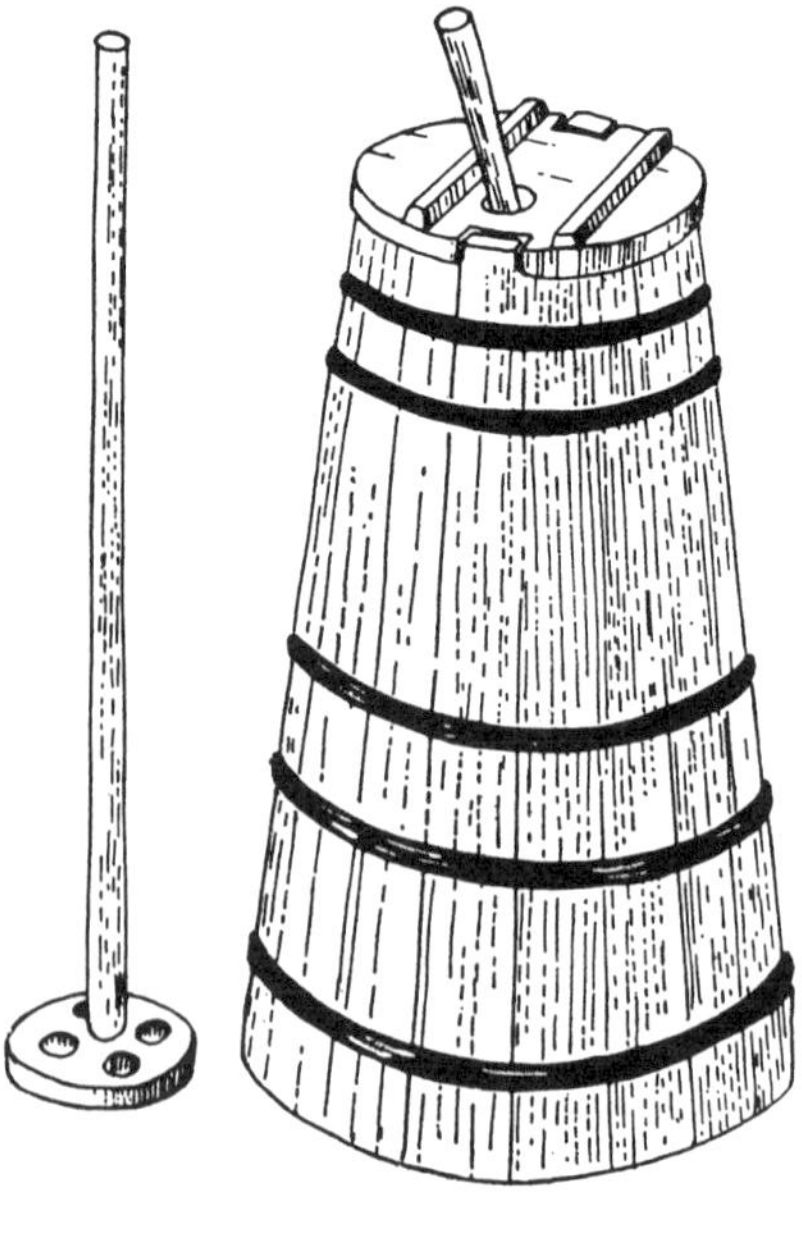

図8　モドン・ガン．
内モンゴルで乳酒の醗酵槽として使っている．
（梅棹忠夫 1955）

一致するが、チベットが問題である。前述したように、チベットのバターは加熱殺菌酸乳系列亜群の加工法をとっており、クリーム分離系列と異っている。チベットにおけるクリーム分離技術を捜してみると、全然ないわけでもない[190]。チベット人は必要があると、バターをつくる前にクリームをすくいとって、茶に入れたり、菓子をつくる。前者はスリマ[191]、後者はトウド[192]とよばれている。ただしこの二者ともチベットではきわめて稀な珍味である。チベットでのクリーム利用はこんな程度で、クリーム分離系列があると言うほどの状態ではない。

けれども私は桶型チャーンとチャーナーとが、クリーム分離系列群のバターづくりに非常によく適応した機能を持っていることから、やはりこれはクリーム分離系列と複合したものと考えたい。大胆な仮設をすれば、そもそも西欧で発達したもので、モンゴル族がかつて盛強な時代東欧まで征服し、その地でクリーム分離系列とこのチャーンとチャーナーを学びとった。その名残りが今日のモンゴルのジョッヘ系列とモドン・ガンとしてのこっているのである。そしてチベットのこのチャーンとチャーナーはモンゴル族から二次的に伝播したものと考えてよいのではないだろうか。

インド古代の乳製品の検討　古代インドの乳製品は文献学的に相当よく出現し、それらの同定もかなりできている[193]。注に示したように、それは今のところ二七種類の多きにおよんでいる。その内容を検討してみると、カード（ダヒと考えられる）を使用することが非常に多くあり、それは今日のインドのダヒが乳製品中大きな地位を占めていることとも一致するであろう。バターも明らかに古代インドで知られており、その製法は、現在と同じく、ダヒをチャーニングしてつくり出されたようである。乳に酸味の強いものを加えて、凝固した部分を分けて取って加工する方法も明らかに存在していて、それも今日と同様だと見てよいだろう。したがって凝固剤使用系列群はインド古代からあった。問題になるのは、ダダンバトと呼ぶチーズらしきものがあり、穴のあるものと穴のないものとの二型があったとされていることである。これは名称からみて、私はどうもダヒを乾燥熟成させてつくったチーズではないかと推定している。

古代インドの乳製品の種類をみてみると、どうも加熱濃縮系列の製品の典型が見あたらないのが一つの特色であろう。加熱濃縮系列の製品、キールやコヤの存在はインドの乳文化の現在の特色の一つであるにもかかわらず、これが古代にはどうも見あたらないのである。これは古代インドにはこの系列群がたぶん存在していなかったことを示すものであろう。つまりインドの乳文化は文書の歴史時代の間に一つの進歩をとげて、加熱濃縮系列群を自分のものに仕立てあげたのであろう。

酥と酪　中国では六朝時代からはじまり、唐代に盛行した乳加工品があり、その後中国文化の中で消えてしまったものがある。それは醍醐、酥、酪、乳腐の四者であった。日本でも唐の文化の影響を受け、天平時代には牛乳と酥が朝貢されている。また日本にも酪とよぶものがあった。これは日本でもまたその後消失してしまっている。

これらの乳加工品は現在の目でみると、何であるかは多くの人により考証されているが、どうも私には不充分なものに見える。唐代の四つの乳製品と、天平の日本でつくった乳製品と、同じ字であれば、全く同一物であったという証明はなく、これは若干異る場合がありうることをまず念頭において、問題を吟味してみよう。

まずかなり明快なものをとりあげよう。日本の酥のつくり方をみると、牛乳一斗を煮つめて一升の酥を得たとある。(194)これは乳の加熱濃縮系列群に入る加工法とみなして安全であろう。ただこの煮つめる作業のとき、静置して煮つめれば、モンゴルの『べとべとウルム』に近いものになるし、攪拌しながら煮つめると、インドのコヤと同一物になってしまう。酥がこれらのいずれに近い製品であったかを決定するのは、なかなか難事である。

酥に薬を入れるには、微火《とろび》をもってとかし、これをこして用いるのがよいとされていることからみると、これはバター分の多い成分であったことがわかり、ウルムの方が有利のようである。しかしインドのコヤでも多分同一の結果となるものと私は推定している。酥をつくる時、ウルムの時のようにその系列の中から、別の乳製品が出現してこない点は、コヤの方が有利な点である。以上を通観してみて、今のところ私は、酥はウルムより、むしろコヤに近い製品であったのではあるまいかと考えたくなっている。

酪の方は、(195)『広雅』に「酪は漿なり」とあって、これは酸乳系のものと考えてよいだろう。そのつくり方は、元代の『居家必用』という書によると、牛乳を煮たてて、こし、人肌まで冷えたならば、古い酪、または漿水を加えて、一夜放置する。これはまさに加熱殺菌酸乳系列亜群のダヒのつくり方と全く一致していて、たぶんたいへん軟らかなヨーグルト状のものであったのであろう。日本にも同様なつくり方の酪もあったらしいが、日本の酪は牛乳をやや煮つめてつくったものが多くなり、それはインドのキールとほとんど同一のものと推定できよう。

醍醐はバターとされているが、多分それはむしろバター・オイル、すなわち、モンゴルならシャル・トス、インドならギーと呼ばれている製品と同一のものであろう。

乳腐はつくり方からみると、明代の李時珍の本草目によると、まずこして、よく煮たてた牛乳に醋を入れる。できた沈殿をこして集め、圧して汁をしぼって固めたものとある。このつくり方はどうも、インドのラズゴーラのつくり方の前半分とほとんど一致してしまう。

こうして見ると、酥は加熱濃縮、酪と乳腐は加熱殺菌乳から出発することなど、全体的にインドの乳文化の加工法と共通点がはなはだ高いということになる。中国文化は北方で直接遊牧民と接触していても、その乳文化が今日のモンゴル型としてみると、唐代の乳製品はおおかた遊牧民と一致しないという不思議な結果となる。むしろ唐代の乳製品はシルクロード、あるいは西南中国を介して、インド型の乳加工体系と結びついていたものと考える方が、加工系列上説明が容易である。

乳加工のとりまとめ　いろいろな民族のやっている乳加工技術をみてみると、加工して貯蔵能力をあげることにその大きな意義が認められる。その処理の間に、多くのもので乳糖を転化させ、あるいは排除する方法が、くみこまれている。これは大人の栄養吸収の生理からみて、当然の帰結といえよう。

乳加工技術の発達段階はと言えば、これはもう酸乳系列群は、最初のものであったのだろう。酸乳系列群は、その亜群を含ませると、全世界の乳利用圏に見られるもので、一番分布が広い。したがってそれは、一番古い起源を持つものであろうとの推定に役立つことになる。これに対して、加熱濃縮系列群、クリーム分離系列群、凝固剤使用系列群の存在しているのは、二―三の地域にまたがる特殊現象である。いわば、この三者は、公平にみて発展段階の差というより、地域的に生じた三大変異と見做しておくのが安全であろう。

ただこの変異とみなした系列群のそれぞれの分布地域をみると、かなりの広範囲に及んでいて、たいてい、政治的に国家という地域よりだいぶ広い地域に及んでいる。このことは、乳加工文化というものが、この三大変異については多分文書の歴史時代におこったものであろうが、それにしてもかなり古い時代におこったものであることを示すであろう。

いろいろな民族による乳加工法のちがいから、その加工文化の伝播の推定は、いまのところ部分的にしかできない。表4に示すように、いろいろな加工技術と地域間の関連をとってみると、それはかなり散乱して分布しており、傾向というものが、うまく捕捉しがたいありさまである。乳加工法というものは、文化現象としてみると、ほんとにやっかいなものだ。

表4　乳加工系列群および，若干の加工技術の地域分布一覧表

項目＼地域	モンゴル	チベット	インド	近東	北欧	地中海	アフリカネグロ
酸乳系列群					○		○
加熱殺菌酸乳系列亜群		○	○	○		○	
クムイス亜群	○						
加熱濃縮系列群	○		○				
クリーム分離系列群	○				○		
凝固剤使用系列群				○	○	○	
植物性凝固剤使用系列亜群			○				○
桶チャーン	○	○			○		
壺チャーン		○	○				
革袋チャーン				○		○	

ただこの乳加工法を通観していると、おぼろげながら感じてくるものがある。それは乳加工という複雑な処理は、文化現象としてみると、人類文化の中で、かなり新しい現象ではあるまいかということだ。それはある意味で、鉄器の文化より新しいのではないかということだ。鉄の文化文明に果たした役割りと、乳加工のそれが果たした役割りとはある面ではよく比較できるのではあるまいか。

乳加工は未だよく判っていないことが多い。各民族の乳加工を徹底的に調べ、その加工系列をちゃんと書きあげる研究は、未だほとんどできていない。それが充分資料がそろってくれば、今までに私がつくりあげた概念とだいぶちがったものが登場できる可能性もある。人類にとって、こんな大切な基礎的な生活の一面が、かくも注意を払われることもなく、うちすてられてきたことは、驚くべき現象でもあったと言えよう。

学問というものはどうも隙間だらけのもので、欠けているものは非常に欠けているのだ。これからそれを埋める余地は非常に多いのだ。

8　果物と蔬菜

中国文化の評価　果物と蔬菜は、栽培種たると野生種たるとを問わなければ、世界中のあらゆる民族がそれぞれ、どのかの程度に食用にしている。しかしその料理法という立場からみると、たいていは簡単なもので、果物では何ら加工せず、もぎとる手から口へのことが多いし、蔬菜類では料理のつけ合わせとして、生のまま食べられることが相当ある。果物や蔬菜を加工面からみると、両者ともに乾燥品があり、蔬菜では塩蔵した漬物類がある。これらはいずれも、加工といっても、それは簡単なものと言えよう。その料理にしても、やはり問題は簡単と言ってよいだろう。

これに対して、果物、蔬菜類は材料という面から見ると、全世界的に地域による変化がはげしいのが特色であろう。この章では、果物と蔬菜に関しては、材料の種類相を中心にして考察してみることにする。その考案では、中国文化をこの二つの側面から検討するのを一つの柱として考察をすすめてみたい。それは中国文化の偉大さと、また意外な一つの特色とを同時に示すことになるからである。

温帯性果樹の二大中心地　果物とは、例えばリンゴ、ナシ、モモなどを初めとして、大変発達した果物は温帯性のものが多い。熱帯性果物では、バナナ、パイナップル、マンゴー、グアバ、パパイヤくらいは、今では汎熱帯地域に栽培されているが、その他の熱帯果樹は比較的少地域に特産する。これら熱帯性果樹の原産地は熱帯の各地に分散しており、熱帯果樹類の大発生地というほどのものは見あたらない。ところが今日では大変発達している温帯性果樹は、はっきりした二つの原産地がある。

菊池秋雄氏[196]はこの二つの原生種群を明示し（表5）ている。この表をみると直ちに明らかになることは、現在の温帯性果物のほとんど全部がこの表の中に含まれていることである。この表がこのよう

表5　温帯性果樹の東西二大原生群表

A　西部原生種群
（欧州東南部、西アジア、ペルシア）

1	苹　果（リンゴ）	Malus pumila
2	洋　梨	Pyrus communis
3	甘果桜桃	Prunus avium
4	酸果桜桃	Prunus cerasus
5	欧洲李	Prunus domestica
6	欧洲李	Prunus insititia
7	欧洲栗	Castanea sativa
8	アーモンド	Prunus communis
9	欧洲葡萄	Vitis vinifera
10	無花果	Ficus carica
11	メドラー	Mespilus germanica
12	榲桲（マルメロ）	Cydonia oblonga
13	胡桃（クルミ）	Jugulans regia
14	石榴（ザクロ）	Punica granatum

他に須具利、房須貝利、木苺、榛

B　東部原生種群
中国（朝鮮、日本を含む）

1	中国梨	Pyrus ussuriensis
2	日本梨	Pyrus serotina
3	山楂（サンザシ）	Crataegus pinnatifida
4	桃	Prunus persica
5	日本李	Prunus salicina
6	杏（アンズ）	Prunus armeniaca
7	梅	Prunus mume
8	甘　栗	Castanea mollisima
9	日本栗	Castanea crenata
10	柿	Diospyros kaki
11	棗（ナツメ）	Zizyphus sativa
12	枇　杷	Eriobotrya japonica
13	柑橘類	Citrus spp.

他にワリンゴ、中国桜桃

菊池秋雄（1948）

な簡単な形にまとまるまでには、多くの植物学者の研究の結果がある。例えばモモは学名はプルヌス・ペルシカとなり、ペルシア原産と初めは考えられていたが、中国原産（陝西、甘粛）であることがその後判明した。同じくアンズはプルヌス・アルメニアーカという学名で、アルメニア原産と初めにされたが、それも中国原産であることが判明した。カキはデイオスピロス・カキ（日本語からとった）、ビワはエリオボトリア・ジャポニカであるが、両者ともに中国揚子江付近の原産とされている。

温帯性果樹がこのように、はっきりした二つの群れに分けうるということは何を意味しているのであろうか。西部原生群の果樹は、東欧、西アジアに起源し、西アジア、ギリシア、ローマ、西欧と文明の中心地が変遷しながら、果樹の改良が続けられて、今日のすぐれた品質になったものである。それは全く、西洋文明、西洋文化の発達変遷そのものである。これに対して、東部原生群の果樹は中国文明の中に生まれ、その中で育ち、発展してきたもので、朝鮮、日本までを含んで、それは全く中国文明、中国文化がつくりあげたものである。

東部原生群と西部原生群の二つのグループの果樹を公平な目で比較してみると、それはだいたいその価値として相等しいとみてよいだろう。このことは果樹に関しては中国文化は独力で、全西欧と匹敵する成果をあげたことを意味することと言えよう。中国文化がこのように、全西欧の文化に対等なものとなっているのは、この果樹についてはきわめてはっきりした事実である。他の分野についても、同じように言えることがあるだろうか。それは私はあると思っている。産業革命前の全ヨーロッパの文化と文明は、中国のそれと比較して、決してよく先進的とは言えなかったものであろう。二つの比較は、比較時点が問題である。産業革命以後のヨーロッパの進展は人類史上、別の次元に突入したものので、その意味では世界のいろいろの文化文明の相互比較は、産業革命前の状態でするのが、一応のめやすになるものであろう。この時点をとって比較すると、中国文化は独力でいろいろの点で全西欧のそれと対比できるものとなる。それにしても果樹は、ヨーロッパで、産業革命前の遺産の継承であるので、この二つの文明文化の比較が今日でも容易に明らかに見うることとなっているのである。

中国のリンゴと桜桃　果樹のうち、東部原生種群、すなわち中国、朝鮮、日本を含む果樹類のうち若干のものは、かえって日本にとって、西部原生種群のものより親しみがなくなっているものがある。例えばサンザシの果実は、日本で食べたことのある人はほとんど絶無であろう。しかし、サンザシの果実は、華北ではきわめて重要な果実で、生食またはゼリーをつくり、乾燥加工もある。ただしサンザシは中国で果樹として認められるようになったのはきわめて新しいことで、一五世紀以来とされている。日本が中国文化を盛んに輸入した年代は、これよりはるかに古いことで、その後の中国の新しい発展について、日本はほとんど関知しないような態度をとってきたことにより、サンザンが日本に渡来しなかったわけが説明できるであろう。

ナツメは中国文化の初めから登場する重要な果樹であり、日本にも渡来したが、日本では割合いまれで、しかも重要度の低い果樹である。日本ではナツメは子供が生食するくらいの用途だが、中国、特に華北ではナツメは乾燥品として、はなはだ重要な果物となっている。今日華僑は世界いたるところに住んでいるが、その中国人のいる所、必ずといってもよいほど、干しナツメが持ちこまれている。それほどナツメと中国人の生活は強く結びついているものである。華北の地にはいたるところにナツメ園があって、旅行者にとっては一番よく出会う果樹園である。華北のナツメは多くの品種があり、大果種の果実はピンポンの球くらいの大きさになり、中には無核種もある。ナツメの生果の味は、未熟のリンゴの味を連想させるようなものだが、干しナツメは甘くなり、その果肉からつくった餡《あん》は、砂糖を入れなくても、甘くて上等なものになる。

東部原生種群と西部原生種群の間には、お互い平行的な果樹開発が相当ある。その中でも、リンゴとサクランボは東部、西部とも別々に、近縁の別種からよく似た果樹が進歩した適例である。ただしこの二つとも、最後の段階で西部原生群の方が勝ってしまい、日本ではいずれも西洋渡来の果物として知られることになった。

日本に明治初年に西洋リンゴが導入された時、よくみると、日本の一部にすでに小型リンゴが栽培されていたのだった。それはリンキと俗称され、東北地方、津軽半島地方などの農家の庭にあった、小型のリンゴであった。このリンキは中国から渡来したものと考えられ、中国の本草学の本には古くから書かれているものである。リンキの類は今日ワリンゴと総称されているが、植物学的に中国原産の野生種(198)から改良されたものとされている。ただしその野生種の詳細な原産地は今日未だよくわかっていない。

リンキという呼び方は、おそらく『林檎、リンキン』からきたものと推測される。それで、林檎の字はリンキという果物にあてる方が正当と考えられてくると、今のリンゴには、しかたなく苹果という字をあてるほかなくなるわけである。つまり日本のリンゴはリンゴにあらずという論も成り立つのである。

ところが中国の在来リンゴはこのワリンゴ系のものばかりかというと、そうではないのである。中国の本草書には奈（ナイ、ナエ）という果物が登場してくる。この奈という呼び方は今日の中国ではほとんど消失し、リンゴ類は一般的に沙果（サゴ）という名になってしまっている。いろいろ精しく研究された結果(199)、この奈は西部原生群のいわゆる西洋リンゴが、一世紀頃にシルクロードを通して中国に導入されたものだろうということになった。こうして、最近中国に再度西洋リンゴの優良品種が導入される前には、中国には独自のワリンゴ系の種類と、古くシルクロード経由で輸入した西洋リンゴとの両方が存在していたことになる。だから、リンゴと言えば、すぐ西洋文化の果物とばかりに連想しないでほしいものである。

サクランボは漢字で書けば桜桃である。この桜桃も中国の本草書に出現している。その内容を検討すると、桜桃はサクラ類の果実とユスラウメとが混同されていたようである(200)。このうち、サクラ類の中で、中国で果実として利用されてきた種類は、シナノミザクラと呼ばれる種類であった(201)。シナノミザクラは日本にも渡来していて、喬木というより、あまり丈の高くならない、灌木性の姿性を持つ樹木で、樹高はたいてい四メートルくらいまでである。花は早春に咲き、サクラとしては早咲きであるが、日本ではどうしたわけかほとんど果実ができない。それで、シナノミザクラは日本では鑑賞用のサクラの木の一種類となってしまい、サクランボを取ることは忘れ去られている。しかし中国の華北地方では現在でも若干の栽培のある、立派な果樹である。山東省がその有名な産地となっており、欧米にも知られてチャイニーズ・チェリーという品種群となっている。ただ日本ではこの種はうまく果実ができないため、日本人一般から中国原産のサクランボの認識を欠くようになったわけである。(202)

このようにながめてくると、温帯性果樹については、東部原生種群と西部原生種群の間では、平行性の高いことは非常な程度に達していると言えよう。特に落葉果樹類についてそう言うことができる。これを文化現象としてながめると、中国文化と西欧文化との間で、果樹の改良発達に関しては、きわめて相同性の高い、平行進化を遂げているということができるであろう。

乾燥果物の二大中心地　果物類の加工といえば、乾燥品のほか、あまり重要なものはない。果物類の乾燥加工をみると、果樹の原生の二大センターにほぼ平行して、二つの乾燥果物の発達地域がみられる。果樹の西部原生群では、乾燥果物となると、その盛んに行なわれている地域は、その原生地域、すなわち欧州東南部、西アジア、ペルシアより、心もち南の地域、すなわちイラク、エジプト、北アフリカを含んだ地域までが、乾燥果物の盛んな地域になってくる。

この乾燥果物の西部センターには、アンズ（中国より導入されたもの）、ブドウ、イチヂクなどのほか、クワがかなり重要な乾燥果物となっている。そのほか、西部原生果樹からはみ出しているが、ナツメヤシの乾燥果物が南部地域では非常に重大である。この地域には、乾燥果物が主食的な地位にある民族もあって、ナツメヤシはそうした用途に用いられる場合もある。この地域の最東端はおそらくパキスタン領北部のカシミール地方であろう。ここではアンズの乾果の、品質優良なものが多量に生産されている。例えばカラコラム山地のフンザ地方では、乾アンズが主食としてかなり地位が高く、食生活の中で果物がこんなに高い地位を占める民族を他に私は見たことがない。ただし文献的にみると、ナツメヤシをほとんど唯一の食糧とする人達もあるようで、乾燥果物はこのように、主食的な地位にまで、あがり得るものである。

欧州李の乾燥品はプルーンという英名で、日本にもアメリカ・カリフォルニア産のものが小量輸入されているが、これは乾燥果物の中で高級品である。また乾ブドウは、種子の入ったままの乾燥品が普通であるが、これを食べてみると、種子の存在はさほど舌ざわりに害にならず、容易にたくさん食べられるものである。

東部原生果樹群をもつ中国をみると、ここにもまたゆたかに乾燥果物がある。その筆頭はなんと言ってもナツメである。そのほか、サンザシ、アンズ、カキなどの乾燥品が中国の市場で見かけられる。カキの乾燥品は、日本でも干し柿が、ほとんど唯一の普及した乾燥果物として生産されているが、中国でも干し柿は普及している。中国の干し柿と日本の干し柿とのよくわかるちがいは、日本のものは細長い形に圧してあるのに、中国のものは上から圧して臼型の扁平な形になっていることである。中国では、シルクロードを通して、漢代にブドウを西部から導入しており、その乾燥品、干しブドウは中国の市場で普通に見られる。やはり種ありの干しブドウである。

ついでながら、中国の華北の大都市の市場に行くと、冬になると西域から輸入した二つの目だった乾燥果物があった。いずれもトルキスタンのハミから、ラクダの背で運ばれてきたものである。その一つは、緑色の種無しの大粒の乾ブドウで、風味のよいものである。もう一つは、メロンの乾燥品である。これはメロンの皮を剝ぎ、果肉を乾燥し、それをかさねて数センチの板状に仕上げたものである。それを薄切りにして食べる。メロン特有の香りが強く、酸味もあり、甘味はばつぐんである。これは乾燥果物の中の、もっともすばらしいものと言えよう。

乾燥果物の生産には、その地の気候条件が大きく影響しているものである。中国の華北、西南アジア、北アフリカなどの乾燥気候の条件下では、乾燥果物の進歩は容易である。しかし華中、華南日本、あるいは西欧などは気候が乾燥果物をつくるのに一般的に不適当であるので、どうしても乾燥果物は限られてくる。乾燥果物の生産は、果樹の分布範囲より狭い地域に限定されざるを得ないわけである。気候条件がそこでは圧倒的な影響力を持っているのである。このことを念頭においてみると、西部原生果樹の文化の中で、乾燥果物のセンターがやや南の方に位置していることが、容易に了解できるのであろう。中国の方は、その文化の中心地華北と気候条件が、たまたま一致しているので、果樹の中心地と乾燥果物の中心地がピッタリと一致しているだけである。気候の必然性で、いろいろな文化の説明をしようとすることは、よく行なわれているが、それはたいていの場合誤りを含みがちである。しかし乾燥果物の場合はそれがかたく結合している場合である。

ナットでは東西に大差がある　日本では果物類とあまり考えられないものに、ナット類（堅果）がある。最近は日本でもぼちぼち流行してきて、百貨店のナットコーナーへ行けば、世界各地のいろいろなナット類が容易に買えるようになった。だからナットとはどんなものかの説明はいらないだろう。ただナットは、生のまま、あるいは炒って塩で調味した程度で食べるのが常法だということを附言しておけばよいだろう。このナット類に関しては、東部原生種群と西部原生種群の間には、その発達程度、重要性において、こんどは大差がでてくる。それは、だんぜん西部で発達しているものである。いま百貨店で容易に買いうるナット類をみると、ピーナツ、カシューナット、ペカン、マカダミアなどがあるが、これらは全部新大陸やオーストラリアの原産植物であって、西欧人がその地帯に進出してから導入したものであるので、ここでは除外しておこう。しかし、西欧人が新大陸やオーストラリアの原生植物の中から、これらのすぐれたナットを選び出して、経済的に大きなものに仕立てあげたことは、その西欧人にナットに対する嗜好性があったからである。日本人では、こんな新しいナットを開発することは、とうていできなかったであろう。

西部原生果樹群のナットの世界はにぎやかである。そこには欧州栗がある。この栗の場合だけは中国、日本でも欧州に劣らず、あるいはそれ以上の発達がある。欧州栗は、日本の栗に似た大果があり、渋皮が剝げやすい特色があり、甘味もあって、総合的判定では、私は日本の栗よりすぐれている点が多いと見做している。クルミは東亜にも伝来し、胡桃の中国名で知られるが、これはペルシア附近の原産で、西部原生群のものであり、西アジア、地中海域、ヨーロッパで盛大に栽培されているもので、そちらが本場である。クルミの野生種は東アジアの温帯にも数種あって、古来から利用されてきたが、ほとんど栽培改良されることもなく、原形のままできた。ところが西部のペルシアクルミの方は、重要な果樹となり、たくさんの品種もできあがった。東部と西部では野生種がともどもあったのに、西部でのみ果樹として発達したわけである。

アーモンドは西部原生で、桃に近い樹木である。その果実の肉はうすく、食用には全然使われないが、核内の仁がアーモンドと呼ばれるナットになるわけである。これははなはだ上等なナットで、菓子用などに尊重されていることは、皆さんの知っている通りである。日本では全量輸入にたよっている。アーモンドはこのように美味なナットだが、野生の原種は苦い味がしていたものと考えられる。それは現在でも苦い種類が西アジアに残っていることからわかる。つまりアーモンドもナットとして、たいへん改良された結果のものである。

ナットの類には西部でほかにいろいろの種類がたくさんある。野生植物のナットの利用も多い。その中で有名なものをすこしあげれば、まずピスタシア(203)がある。これはウルシ科の小灌木で、地中海地方、小アジア、シリア、イラン、パレスチナ地方に野生しており、栽培もある。カルフォルニアには大企業栽培も興っている。ピスタシアは中国にもシルクロードを通って、ナットだけが輸入され、阿月渾子と呼ばれていたという。ハシバミ類は旧大陸の温帯には、ヨーロッパ、東亜、北アメリカ共に野生種があり、美味なナットが得られる。このうち、東亜ではほとんど発達しなかったが、ヨーロッパ方面では重要なナットとして、栽培改良された。私はかつて、エチオピアのアジスアベバの市場で、シリア産とおぼしいハシバミを買ったことがあるが、その粒の大きいこと、味のよいことに一驚した経験がある。ハシバミはあちらでは、非常に立派なナットである。

このように東部原生と西部原生を比較すると、ナット類では栗のようにともども両地域で発達したものもあるが、クルミやハシバミのように、野生種は両地域でともども存在するのに、栽培改良は西部でのみおこったものがあることがわかる。西部はこれらのほか、アーモンド、ピスタシアなど無数の独自なナットを開発している。またアンズは中国より西部に伝播したが、アンズのナットの利用は中国より西部で盛んであって、品質もよいものが得られている。

中国を中心とした東部原生果樹の地帯をみると、そこにはナットを給する野生植物は、むしろ西部以上に豊富に存在しているにもかかわらず、ナットとして発達してこなかった。日本の王朝時代の食品に、カヤ、クルミ、ハシバミなどのナット類の名があるが、後世それは脱落してくる。今の日本で、カヤや日本産のハシバミのナットの味を知っている人はきわめてすくないであろう。それらは、忘れられてきているのだ。

ここで問題となるのは、日本の縄文時代、弥生時代の住居跡から、ドングリ類が相当多量に貯蔵されていたことが、しばしば発掘されたことである。このドングリ類はその頃どんな形で消費されたであろうか。ナットとして食べられたのか、水さらしして、食品に加工変形されたのだろうかという問題である。この問題に関しては、一つのヒントがある。それは朝鮮における現在のドングリ利用形態である。朝鮮ではクヌギを中心として、ドングリが今でも盛んに食べられている。その料理法はドングリの皮を剝《む》いて乾かし、水にひたして渋味をぬき、これを粉砕して布こしし、煮つめてトコロテンのごとく冷却して成品にする。朝鮮ではこれをシアン・スリ・トトックという。この加工法は水さらし加工法の一つの典型と言えよう。もし日本の石器時代のドングリの加工法がこれに似たものであったとすれば、そのドングリはナットとしての食べ方と大変異っていたものと判定できるであろう。

しかしドングリ類がナット型で食べられた可能性の総てを否定することはできない。日本のドングリの中にはイチイガシのように渋味がほとんどないものもあって、これならナットとして、そのまま焼いて食べられると想像できる。ヒマラヤの中腹にいくと、照葉樹林帯の上半部は、日本のウバメガシに似た形をしているケルクス・セミカーピフォリアというカシの木がたくさんある。私はブータン首相の午後の茶にまねかれて、その時お茶うけに、このカシの未熟果を焼いたものを供されたことがある。すこし渋味はあったが、結構食べられるものだったという経験がある。これはドングリをナット的な食べ方をした例ということになる。

中国文化の食べ物の中に杏仁というものがある。これは栽培されたアンズからとるものと、蒙古杏(207)という野生の灌木からとったものが、総称されていた。杏仁の大部分は苦味の強いもので、甘いものはすこししかない。甘い杏仁はアーモンドのようにナットとして食べ、あるいは製菓用に供されるが、苦杏仁の方は薬品、あるいは杏仁湯という飲物づくりに使われている。中国の杏仁は西部のアーモンドや、あるいは西部のアンズのナットと比較すると、ナットとして品質が劣るし、重要性もはるかにうすいものである。

東アジアは植物の種類が西アジア、ヨーロッパよりはるかに豊富であって、その中にはナットとして利用できるものが非常にたくさんあるにもかかわらず、栗以外はナットとしてほとんど発達しなかった。例えば日本のシイの木は、渋味のない甘いナットとしてすぐれた性質があり、生育しているシイの木の量も多い。それにもかかわらず、シイのナットは今ではほとんど誰も見向きもしない状態である。中国文化というには、その地域が南にかたより過ぎるが、華南の地に橄欖(208)がある。橄欖の木はオリーブと混同されることもあるが、本来全くちがった木である。この仲間には数種あって、いずれも良品質のナットが採れる。ルソン島にある種類はピリナットといって、アーモンドに匹敵する良品質とされている。しかし橄欖のナットなど、今のところ普通の市場には全く出まわっていない。

以上のナット界の大勢をみると、イラン、近東、北アフリカ、ヨーロッパではナット類がいちじるしく発達しているのに対して、中国を中心とした東亜ではナットの原植物は豊富に存在しているにもかかわらず、その発達の程度はきわめて低いと言うことができる。これはいったい何を意味しているのであろうか。これは私は、東西の文化が持つ、食物、食事ということに対する観念のちがいのあらわれであるとみたい。穀物食が早く確立して、それを中心として食事体系が組みあげられた中国を中心とした東アジアに対して、西アジア、ヨーロッパの人々は肉、乳製品を含めて、バラエティに富んだ食事体系をうち立てたのであろう。東西におけるナット発達のちがいは、食事体系のパターンのちがいを端的に示したものと受けとるべきである。

野菜と蔬菜　終戦の年には、私は中国山西省南部の黄河の沿岸の田舎の県城の守備をしている二等兵だった。私は毎日のように城門衛兵を勤務して、出入りの中国人を、剱つき鉄砲を片手にしながらチェックをやらされていた。ゲリラ活動にそなえて、手榴弾や拳銃が荷物の中にかくされていないかの検査が主な仕事である。中国人の農民はたくさん城内に住んでいて、彼等は毎日、城外の畑の仕事のため出入りしていた。彼等が帰りの県城の門に立った時、私が荷物を検査すると、たいてい小量の野菜がその中にあった。畑仕事の間に集めた野菜である。それは全部雑草ばかりである。乾燥した華北に多い雑草がほとんどである。ハマアカザ[209]に、オカヒジキ[210]、マツナ[211]などが、日本とちがって多いのは、風土のちがいをよく示していた。他に多かったのは、アカザ、ヒユ、ナズナなどもよくみかけた。

これらは日本にも多いものである。こんな雑草の野菜が彼等の食生活にとりいれられていたのだ。中国の農民は、日本の農民のように、蔬菜を自分の畑の一隅で栽培したりしない。穀作、棉作などの専業者で、蔬菜栽培はその専門農家の仕事である。だから普通の農民は栽培した蔬菜が食べたい時には、業者から買い入れるのだ。ふだんの時は農民は、こんな種類の雑草だけを食べていたのである。

栽培されたものが蔬菜、野生の雑草の中から集めたものが野菜だと、一応定義してみても、料理したり食べたりする段になると、その間に本質的なちがいは全く存在しない。野菜、蔬菜は、一連のものであると解釈してよいだろう。

野菜、山菜として、植物界のどれほどのものを、人間が食べ得るのだろうか。毒草などは不可として除外してみると、植物界のおよそ四分の三ほどのものは、軟らかな部分を集めると、人間が食べられるものになるというのが、私の結論である。けれども、そんなに多くの種類の植物を日常食べていることはない。ほとんどの民族では、野菜、山菜として食べるのはきわめて限られた種類の植物だけで、それは民族の文化として、一応定まったものである。非常に多くの種類の植物を食べる例としては、ヒマラヤのレプチャ族が有名である。約百年程前にシッキム・ヒマラヤに植物採集に入ったフッカー卿は、随行したレプチャ族が食用する植物の種類が多いのに驚いて、レプチャ族の食用にする植物のリストはとても多すぎてできないが、食べない植物のリストならできるであろうと言っている。[212]こんなに多くの植物を食べる例は稀な例である。

食用にする野草には、よく食べるものでしかも有毒なものまでが相当ある。こんな時には、料理法によって、毒ぬきすることが、それぞれ民族の中で習慣的に知られている。ワラビは温帯、亜熱帯にわたって、ほとんど全世界的に分布しているが、その芽を食べるのは、太平洋に面した中国、朝鮮、日本、および北アメリカの一部だけである。ワラビの芽はゆでて渋味をとる方法が料理に伴っているが、その時灰汁で煮るといっそうよい。この灰汁で煮る方法は、日本からヒマラヤにいたる地域で行なわれている。ブータンでもこの灰汁煮で渋取りをする方法がよく行なわれている。こうして料理したトウ（ヤシの一種）の若芽など、ちょっと絶品の味がした。

強い毒草は毒ぬきが困難であるので、食用にならないが、イラクサのように、とんでもない食用野草もある。イラクサは、手で茎葉に触れただけで、はげしい痛味がおこるという恐ろしい草だが、その若芽は意外に広い地域で食用にされている。日本でもイラクサは食べられるし、北欧でも昔から食べていた。チベット人もイラクサが好きで、大量に集めて食用にしている。チベット人がイラクサの若芽を採るには、手で触れることができないので、鉄製の火ばさみのような道具を専用に持っている。こんな恐ろしいイラクサでも、一度ゆでてしまえば、後は普通の野菜と同様になって、食べてなかなかうまいものである。スコットランドの春の野菜料理としてイラクサは名だかいものになっている。

このように野菜は、過去から、園芸の高度に発達した地域まで、引きつづき食べられてきたが、その一方、栽培される蔬菜の方も、文化の高い地域で非常に進歩してきた。それは果樹の場合と相似た発達で、中国を中心としたアジア東部と、西アジア、地中海域、北欧の西部の中心地である。果樹と同様に、東西の二大センターが存在している。

熱帯地域では、果菜類は原生から大改良が加えられ、温帯まで伝播したが、葉菜類は熱帯では貧弱である。例えばインドでは、果菜類はみごとなものであるが、葉菜類にはろくなものはない。カボチャやヘチマの若いつるが一番大きい量で消費される葉菜であろう。またニューギニア中央高地は、サツマイモを主食としているが、蔬菜としてはサツマイモの若いつるが一番普通である。こんなぐあいで、熱帯原産の栽培される葉菜類は若干あることはあるが、いずれも重要でなく、日本人の知らないようなものしかない。

ハーブとサラダ　野菜、蔬菜は、世界中ほとんどの民族が、たとえずいぶん原始的生活をしていても、文化的な生活をしていても、多少の差はあっても、ともかく野菜、蔬菜はなにかを食べている。しかし野菜、蔬菜の食生活の中における重要性ということになると、相当問題がある。

例えば日本を例にとると、日本の食事は総カロリー、蛋白質、脂肪、砂糖、獣肉などの摂取量は一人当り、欧米にくらべていずれも低く、食生活のまずしさは明らかである。しかし蔬菜を食べる量だけは、日本はイタリアとともに、世界のトップに立っており、これだけは欧米を引きはなしている。日本の食生活は食事統計の上から、野菜、蔬菜食を特徴としていると言っても過言でない。それでは後進地帯、インドや中国での場合はどうだろうか。手もとに適当な統計はないが、私の観察した限りでは、インドも中国も野菜、蔬菜の量は、日本よりはるかにすくない食生活である。

その野菜、蔬菜食を特徴とする日本での、蔬菜の重要性に対する一般の日本人の認識はどんなものだろうか。どうも蔬菜は日本では副食の中に入っており、食事として注意を払われるのは魚や肉が中心で、蔬菜はあるのが当然といった程度ではあるまいか。ごちそうの中心は魚か肉で、野菜、蔬菜が中心となることはめったにない。

日本のような例外的にまで野菜、蔬菜を盛んに食べる国でも、それの重要性に対する認識はこんな程度である。私はいろいろな地域を旅行してみて、つくづくそれらの地域の住民が、野菜、蔬菜を軽視しているのを感じた。大都市でも、それを買う店がなかなかないのである。例えばインドのカルカッタやニューデリーの町で、八百屋を捜してみると、容易なことでは見つからない。果物店はたくさんあるのに、八百屋はほとんどないのである。このことは、西欧の町、パリーでもかなり似ていることと言えよう。市場以外には、専門の八百屋はほとんどないのである。

いろいろの地域を旅行して、私が観察した結論は、文化の進展に伴って、食品の専門店は次の順序に発達してくる。まず初めが穀類商、次が肉屋、果物店とならび、八百屋が専門化するのは最後の段階である。この意味で、日本は例外となる国で、徳川時代には肉屋はもちろん存在せず、また果物店より八百屋がさきに存在してきたものであろう。日本はほんとに野菜、蔬菜の重要性の高かった不思議な文化を持っていたのだ。

このような食品の専門店ができる以前の段階では、市場がその用を果たしている。西欧の野菜はだいたいまだこの段階で、そこへいきなりスーパーマーケット的な店が出現した形である。八百屋は西欧ではあまり一般的でないものと見做してよいだろう。

西欧をみると、野菜、蔬菜がこのように地位が低いのは、その歴史的因縁である。だいたい西欧人はろくろく野菜、蔬菜を食べていなかった。古くからそこには、いろいろの種類の野菜、蔬菜があったのに、食生活に果たしたそれらの地位は、伝統的にははなはだ低かった。西洋では蔬菜園は、半ば薬草園の意味にとられてきていたのだ。つまり草を食べるのは、薬草を食べるという概念に連続した存在であったのだ。西洋では蔬菜、野菜（ベジタブル）は、ハーブ（草の意、実質的に薬草の意）と連続した概念であったのだ。このことはローマ時代の、次のような説明で明らかになる。[213]

「往時は何故に野菜をほとんど食用しなかったかという問題の説明にさらに手がかりとなる事実は、プリニイおよびコルメラの野菜表を調べることによって得られるであろう。というのは、そこには、キャベツ、蕪菁、大根および玉葱の如く、はなはだ有益な食物を見出すけれども、薬味や薬草の大部分、すなわちサルビアの葉、たちじゃこうそう、ヘレニュウム、胡椒、マヨラナ、ヘンルーダ、こえんどろ、甘めぼうき、大茴香、芥子、水パセリ、アレキサンダー、薄荷、きだち薄香、カミン、にんにく、韮、水芹、かるしの実、ケシの実、大麻の実その他今日殆んど用いられていない植物で、我々は全く圧倒されるのである」

つまり往時につくられた野菜、蔬菜のリスト中の大部分のものが薬味や薬草であったのである。野菜、蔬菜の概念はまさにそういったものである。その薬味、薬草の中から、食糧として野菜、蔬菜が一段と発展してきたのは、肉やパンを腹いっぱい食べられない貧民たちによって持ちあげられてきたものである。私が見たところでは、インド料理がまさにこのローマ時代の観念に近いもので、そこでは香料に非常な注意が払われるが、野菜に関しては非常に関心のうすい料理だとも言えよう。

野菜、蔬菜を、塩をかけただけ、あるいはドレッシングをかけただけで生《なま》のまま食べるサラダ料理は西欧で、近代になって非常に盛んになった料理法である。草を生のまま食べることは、馬や牛と同じような原始的な食べ方のようであるが、これは実は近代文化の粋と言ってもよいだろう。各地の原始民族は野菜は煮て食べていて、生食することは稀である。サラダにするには蔬菜の品質が上等であり、あるいは軟白（ネブカネギ、セロリのように日光を遮断して白くする操作）などの手数をかけて、食べることができる。

けれどもこの生のまま食べることは、どうも西欧の発明ではないであろう。西アジアの遊牧民、農耕民は、野生の草を生のまま相当食べている。イランなどではサブジ（草）とよんで、野草がそのまま食用にされている。(214)

「サブジというのは草という意味である。日本なら川辺に茂って、牛や馬以外は見むきもしないような雑草が、皿に山盛りになっている。それも幾種類もの草が混じっていて、アヤメの葉のようなも

のもあれば、セリやカブラに似たものもある。とても栽培したものとは思えず、お互いに顔を見合せて、

これでも野菜かね

水の少ない国だから立派な野菜さ

と苦笑しあった。しかし香りは高く、結構食べられた」

サブジは、イランでは都会でも田舎でも、ナンや羊のあぶり肉とともに基本的な食事となっている。このようにサラダ料理の原形がそこに見出されるのである。

中国の蔬菜　日本の蔬菜は、明治になって西洋蔬菜が渡来するまで、主に中国から導入されてきた。中国は果樹とともに、蔬菜でも大発達のセンターとなっている。しかしここに妙なことがある。果樹では、中国は自国の原生種から改良した、独得な種類の大群を持っているのに、蔬菜では様子がだいぶちがっていることである。中国の蔬菜の主流は、日本によく似ていて、ネギ、ホーレン草、ダイコン、白菜などの菜類が主になっている。ところがこの全部が中国の原生植物とちがっているのである。ネギはアルタイまたは中央アジア原産、ホーレン草は西アジア原産、ダイコン、白菜などの菜類も冬に生長期を持つ、地中海地域に原産した植物である。つまり中国の伝統的と思われる蔬菜の主力は、西アジア方面からの導入植物である。そのかわり、中国にはそれらを導入したとはいっても、中国文化はそれを大発展させている。それは特に白菜などの菜類においていちじるしい。白菜、カブなどを

含む菜類は、植物学的にブラシカ[215]と呼ばれているものであるが、その中に多くの種を含み、それぞれの種のなかには、また多数の変種がある。ブラシカは一つの典型的な冬に生長期を持つ植物で、地中海地方の気候によく適合し、その地方が野生種のある地域である。中国には元来ブラシカの野生はなかったのである。ところが、ブラシカの蔬菜となると、中国がとびきり変りものが多く、日本もその影響下にある。西洋ではブラシカは蔬菜としてはたいして発達しておらず、カブとキャベツのいろいろな変種を除いては、たいしたことはない。ただキャベツの変種はヨーロッパ中世以来めざましく発達して、花ヤサイ、コモチカンラン、緑葉カンラン、結球カンラン、球茎カンラン（コールラビ）などと、非常に多彩な発達をしている。これに対して、中国ではキャベツの仲間としては、カランチョウ[216]という、白花の品種群が主に華南で栽培されてきている。これはキャベツの仲間としては、かなり特色のいちじるしいもので、いつの時代に地中海域から中国へこんな特異なものが、どんな経路でもたらされたかは、全くわからないが、ともかく中国にはこういうものが在来していたのである。

ブラシカの中で、カブ、白菜を含む仲間のグループは、中国では、葉菜として、はなはだみごとに発達し、日本もその影響下にある。中国のカブは東洋系のカブといって、西洋系のカブとすこしちがったグループとなり、多分西洋のカブとちがって、中国で独自に発展されたものとされている。この仲間にはカブのほか、葉菜類が多数ある。白菜は実は日本へは明治以降中国から導入されたものであるが、白菜に近い種類で結球しない菜類では、日本にも無数の品種がある。いわゆる漬菜の仲間である。タイサイ、ミブナ、キョウナ、スグキナ、ハタケナ、などをはじめとして、各地にいろいろな漬菜がある。中国にはもうすこし、そのバラエティの幅が大きく存在し、キサラギナ(217)のようなものもある。

中国でかくも発達したカブ、白菜を含むブラシカの仲間のグループは、多分麦類が西アジアから中国に渡来する時、一緒に渡来したのが、そのはじまりであろう。西アジアの麦畑には、この仲間のブラシカが耕地雑草としておびただしく混入しており、麦がそこから中国へ渡来すれば、容易にその雑草のブラシカも同伴したであろうと推定できる。こうして雑草として中国に渡来したものから、中国人は栽培にうつし、はなはだ多様な栽培蔬菜としてのグループをつくりあげたのである。中国と西アジアを連結する線としては、チベットの農業地帯が有力で、チベットの麦作の中には、雑草ブラシカが混入しており、西アジアと中国を結ぶ線としてはよく了解できる。

カラシナ、タカナの仲間は、中国や日本では葉菜であるが、ヨーロッパやインドでは油料植物としての栽培が主になっている。この仲間の葉菜はヒマラヤ中腹のネパールなどでは、みごとな葉菜となり、中国に入って非常な発達をとげ、その影響は日本に及んでいる。

このように、中国の栽培される主なる蔬菜類は冬作物で、それは地中海気候の地域に原生したものが雑草として中国に伝播し、中国が自分自身のものとしてとり入れたものである。それでは、中国が自分の国の原生植物から、蔬菜として栽培化したものはないかというと、それは若干ある。まず畑作蔬菜をとりあげてみると、それはいわばやや変な稀なものばかりだ。オカノリ[218]、スイゼンジナ[219]、ヨモギナ[220]、チヨロギ[221]、などがあがってくる。どれをとっても、普通に知られているような蔬菜ではない。ついでに日本人が日本原生植物から栽培化した蔬菜をみると、ウド、フキ、ミツバ、セリ、ヤマゴボウなどがあって、この方は日本人にかなり親しいものがある。原生植物から栽培蔬菜化という面になると、日本は中国よりむしろ進んでいて、出藍の誉れがあるといってよいだろう。

ところが、中国は原生植物より蔬菜化した栽培植物で、水生植物というものをとりあげてみると、かなりのものである。それらを数えると、ハス（蓮根と種子を食べる）、クワイ、クログワイ、マコモ（銹病寄生による肥大茎を食べる）、セリ、ジュンサイ、ヒシ、オニバス、ヨーサイ[222]などがあり、野生も採集されるが、栽培もある。西洋の蔬菜で水生のものはオランダガラシ（クレソン）の唯一つであることをみると、中国の水生蔬菜の多様性は中国文化の大きい特色と言えよう。しかし中国の水生蔬菜は主産地が華中、華南であって、華北のものではない。このことは中国文化の伝統的中心地華北を典型としてみると、水生蔬菜類は中国文化として、異質な性格があるものと見られよう。それはむしろ照葉樹林文化と関係づけて考えるべきものと見ることができる。

中国文化が果樹においては、あれほどみごとに原生のものから大発展、大改良をとげたにもかかわらず、蔬菜に関しては主力が借用物の改良にとどまったということは、いったいどのように解釈したらよいだろうか。それは一つには、果樹と蔬菜の出現が、文明の発達段階に差があることである。果樹は人類文化史的に最も初期から利用されてきたもので、その起源は採集経済の時代にまでさかのぼりうるものである。それが定住時代に入ると、文化の進展とともに採集していた果樹が栽培され、品種改良が進行しはじめるものである。ところが、野菜は採集の時代が長く続き、文化文明がかなり高度になってから、初めて栽培改良がおこるのである。この原則を中国にあてはめてみると、果樹改良のはじまりの頃は、中国原産のものを改良するほかなかったから、その独自性が成立してきたのだ。ところが、中国で蔬菜が栽培されはじめたのは、もっと文化が成熟した後代のことで、その頃には西アジアから導入された植物がすでに手もとに在る頃である。それで、その時中国は借用物の蔬菜をつくりあげたのである。

それにしても、その時、中国原生植物でなく、西アジア渡来の植物を主にとりあげたのは何故だろう。これは理由を植物学的に考えたほうがよいであろう。西アジア原生の中国へ渡来した植物は、もともと冬に生長期をもったもので、華北の冷涼な地方でたとえ夏に生長しても、本来の冬性の性質はのこっている。夏性の植物と冬性の植物を比較すると、大体論で、冬性の植物の茎葉が軟らかにできている。夏性の植物は、若芽はともかく、すこし時季がたつと、茎葉がたいへん硬くなるものが多い。それ故に、中国人がまわりの植物の中から、冬性の植物の方を蔬菜として、とりあげたことになったのであろう。

野菜、蔬菜の貯蔵　野菜、蔬菜は新鮮なものが重く考えられがちで、その貯蔵は世界のいずこでもあまり発達していないとも言えよう。しかし塩を加えて防腐した漬物は、一面加工料理法とも言えようし、また貯蔵法であるとも言えよう。蔬菜の漬物はこれまた中国の伝統的加工法である。中国特に華北では、ダイコンの塩漬けが広く普及している。これに使うダイコンは、ダイコンの品種群のなかでも華北型の、硬くて澱粉がある変種を使っている。日本のタクアン漬けとちがって、華北のダイコンの塩漬けは、泥色をした汚い外観のものである。日本は蔬菜の塩漬けは特別に発達した国で、用いる材料の種類も多様となり、ただの塩漬けだけでなく、糖漬け、糟漬けなどいろいろ工夫されている。蔬菜の漬物では、日本はやはり、中国から出藍の誉が、これにもあるといってよいだろう。西欧でも蔬菜の塩漬けはあって、有名なのはドイツのキャベツを千切りにして、黄色くなるまで塩漬けにしたもので、ザウエルクラウトの名で広く知られている。モンゴル族は、野菜も蔬菜もほとんど食べないが、それでも塩漬けの野菜をすこしばかりつくっている。その中でも、注意をひかれるのは、野生のニラの花の塩漬けである。モンゴルにはところによっては、一望千里の広さで、ニラの花が咲く草原がある。その花の若いものを集めて壺の中に塩漬けにしておく。これはなかなか風味の良いものである。

野菜、蔬菜を貯蔵するための最も簡単な加工法は乾燥である。けれども乾燥野菜というものは、日本にもあり（ダイコンの千切り干しなど）、どこの国へ行ってもだいたい日本と同様に、すこしはつくられ利用されているが、どうも、重要というほどになっていないようである。しかし、チベットは乾燥野菜という点では、たいしたものである。チベットのキャラバンに会って、話をすれば、たいてい彼等は若干量の乾燥野菜を旅行食として携行していることがわかる。チベットの乾燥野菜の種類をみると、野生ニラの緑葉、アカザの芽、ホーレン草の葉などの乾燥品が多く、その品質はすぐれている。特にニラの葉の乾燥品は、本来の香りがよくのこっていることで、注目すべきほどである。

チベット人の野菜、蔬菜の加工でもう一つ面白いのは、彼等は生野菜をブランチングして保存をする習慣のあることである。ブランチングというのは、アメリカでコールド・チェーンの発達にともなって開発された技術とされているものである。これは新鮮な蔬菜をそのまま低温で保存するのでなく、蔬菜を一度熱湯の中で熱処理し、細胞中の酵素を不活性化させて、保存中の自己分解を防ぐ方法である。それは家庭でも容易に実施できる方法であって、冷蔵庫に新鮮野菜をそのまま貯蔵するより、加熱料理して食べる蔬菜ならば、ブランチングしておけば冷蔵庫に入れても容積も小さくなっており、貯蔵性も良好になってきている。けれどもこんな簡単なことも、日本では一般に理解されておらず、せっかく冷蔵庫を持っていても、蔬菜の貯蔵は旧式の単なる冷蔵法が普及しているありさまである。ところがチベット人は、生野菜、生蔬菜が手に入ると、一時にその全部を茹でてしまい、水を切ってから包んで貯蔵する。私は初めの頃は新鮮野菜が数日分入手できたのに、それを全部茹でてしまうのを見て落胆したが、これは私の方が誤りだった。高地の低温条件下では、茹でた蔬菜は一週間くらいも、何の変りなく貯蔵できたのだった。ブランチングのような最新と思われる技術が、チベット人の中には伝統的に伝えられてきているのである。

『料理の起源』を読む

平木康平

この『料理の起源』は、『農耕の起源と栽培植物』（岩波新書）の、いわば続編にあたる。中尾佐助は農耕文化を説くにあたって、作物の種まきから始まって、栽培と収穫、さらにはその加工や料理までの過程をワンセットとして考えて、農耕文化基本複合という、大きな概念を提示した。従来の農学は、タネから収穫までをあつかうのが一般的であった。ところが、中尾はその枠組みをこえて、収穫後の加工と料理にまで踏み込んで、ひろく農業をとらえようとした。「タネから胃袋まで」を研究対象にすえたのである。

本書は、一九七二年に刊行されたが、その「まえがき」に、このように述べている。

この基本複合の中には、このように論理的には、収穫した以後の加工、料理の過程が当然含まれているのに、私は前著において、この部分に言及することはすくなかった。何故なら、加工、料理の問題をいちいちの場合にとりあげると、あまりにも煩雑になるし、かつ、その当時私はまだ加工料理に関する部分のデータが手もとに取り揃っていなかったからである。しかしこの加工料理の問題は基本複合の一部として、きわめて重要であることは、その時からよく判っており、他日を期したのである。

『農耕の起源と栽培植物』を出版したのち、その時までに中尾が蓄積していた、作物の加工と料理に関する知見を集大成したのが本書である。中尾もいうように、「加工・料理の問題は学問的に研究されることの非常に乏しい分野」であった。「まだまだデータが非常に不足している。そのため、私はきっといろいろな誤りをおかしていることだろう。この本は改定版を出さなければならないだろう」と、謙虚に述べている。

一般に研究者は、自分がいったん出した説をあらためたがらない。ところが、いつも中尾は、「どんどん仮説を出せばいいんだよ。間違ったら直していけばよい」といっていた。これが中尾の研究スタイルであった。「照葉樹林文化論」を提唱したのは中尾であったが、発表したのちも、その主張にたえず修正を加えていった。そのため、その旗のあとを追いかけていた研究者を当惑させることが、おうおうにしてあった。

この書は、何度か版をあらためたが、そのつど少しの字句の修正はあったが、本格的な改定版は出ていない。しかしその後、食文化に関する論考をたくさん執筆しているが、それらの中で新しい知見を加え、『料理の起源』を補完していっている。それらをまとめたのが、北海道大学図書刊行会から二〇〇五年九月に出た『中尾佐助著作集』第二巻「料理の起源と食文化」である。

そこに収録されている論考の多くは、『週刊朝日百科　世界の食べもの』に執筆されたものである。この百科シリーズは、中尾が辻静雄と石毛直道とで監修し、一九八〇年十二月から八三年八月までの間に、あわせて一四〇号が、朝日新聞社から出版された。その中に中尾は、「中国の粉食」「アジア・中近東のムギ食」「マメの料理文化」「東南アジアの野菜」「ヤシの文化」など、二六編の食文化や料理に関する文章をのせている。これらは『料理の起源』の続編といってよい。本書に興味をもたれた方は、これらもぜひ読んでもらいたい。

いうまでもなく、人間の生活文化は、衣・食・住を基盤としている。その中でも食物は、人の暮しに欠くことのできない、もっとも重要な要素である。ところが、生活に密着している事がらは、あまりにも日常的であるがために、かえって記録や研究の対象からもれ落ちることがある。そうした空白の領域を埋めようとしたのが、この書である。

本書は、ふつうの料理本ではない。よく見る料理の本は、すでに脱穀し精製された穀物類や屠殺し解体された肉類などを材料にして、それをどう調理するかを問題にしている。しかし、中尾は、もちろん調理の過程も考察するが、調理の前段階である脱穀や精米、製粉などに、より多くの関心をはらっている。

もともと中尾は植物学を専門としていたはずだが、この書の章だてをみると、米や麦、雑穀、豆、果物、蔬菜といった植物の料理にとどまらず、肉や魚、乳といった動物の料理まで幅ひろく論じ、動物学の分野にまで踏み込んでいる。ふつうの料理は、植物性の材料、動物性の材料を組み合わせて調理するから、これを分別することはしないので、当然のことではあるが、このようにまとめて論及できる研究者はほとんどいない。

近ごろ、科学はどの分野も、研究テーマがますます細分化しつつある。研究が深化すれば、それは当然の流れではあるが、研究者がせまい領域にとじこもるあまり、科学の進むべき方向を見あやまることが、しばしば起こり、「木を見て森を見ず」という陥穽にはまってしまうことがある。そうしたなか、中尾はひとつひとつ木を見てまわると同時に、山の上から森の全体を見わたそうとした、スケールの大きい数少ない研究者であった。該博な知識をもつ博物学者といってもよい。これほど視野の広い、知の巨人ともいうべき学者は、これからのち、おそらく出てこないであろう。

本書は、「飯盒飯の炊き方」で始まっているが、昭和一八年の満州における戦時下の体験をもとに書かれている。この話にかぎらず、中尾の論考は、その多くが実際の体験や調査、探検によって得られた知見によって構成されている。中尾は、長年にわたり、じつに多くの探検調査をくり返している。一九三九年、まだ京都帝国大学農学部の学生だったころ、小興安嶺の調査旅行にはじまり、カラフト、ポナペ島、内蒙古、ネパール、パキスタン、ブータン、シッキム、アッサム、そして一九六八年の西アフリカ調査などにおよんでいる。

なかでも、一九五九年、そのころ鎖国状態にあったブータンに、多くの困難をのりこえて、河口慧海につぐ二人目の日本人として、単身で入国し、六ヵ月の探検調査を行ったことが特筆される。その成果は『秘境ブータン』として結実し、一九五九年に毎日新聞社から出版された。のちこの書によってエッセイスト・クラブ賞をえている。ながく絶版になっていたが、二〇一一年に岩波書店から岩波現代文庫として再版が出た。

これらの探検調査の際に撮影されたたなスライドが、遺族から一括して大阪府立大学総合情報センターに寄贈され、近年その一部がデジタル化され、「中尾佐助データベース」として閲覧できるようになっている。今では見ることができなくなった、植物や民俗、生活文化などの貴重な映像が保存されている。また、その関係資料や蔵書などが、同センターの中尾佐助資料コーナーに展示されている。

とにかく、中尾はよく歩いた。子どものころから、家の近くの三河の山を歩き、草花をとってきては、自宅の庭に作ってもらった温室で育てていた。やがてそれは、世界の各地を自分の足で歩き、自分の目で確かめ、体験をもとにものを考え、ものを書く実証主義的な態度をはぐくむもととなった。中尾が提唱した「照葉樹林文化論」も、そうした実地の踏査の中から生まれてきた。

他人の本や論文からえた材料で組み立てた議論は、馬鹿にして相手にしなかった。たとえば、世間では名著とされていた和辻哲郎の『風土――人間学的考察』などは、自然界の実態を知らない机上の空論として、「なんであんなものが、もてはやされるのかね」と痛烈に批判した話は、多くの人が聞いている。

かといって、書物や文字資料をないがしろにしていたわけではない。それどころか、無類の本の虫であった。手当たりしだい、手もとにある本を読んでいた。家のどの部屋にも本や雑誌の山ができていた。読む本がなくなると、婦人雑誌や子どもの絵本にも目を通していた。晩年、糖尿病をわずらい、それから来る白内障、緑内障にかかり、手術を余儀なくされたが、その時だけは本が読めず、中毒患者に禁断症状が出たようにいらだって、きわめて不機嫌であった。

もとより料理や食べ物に深い関心をもっていたが、酒は毎日欠かしたことはなく、ワインや酒、ビール、焼酎などをたしなみながら、ゆっくり二時間ほどかけて夕食をとっていた。晩年は、寝るとき以外は、ほとんどダイニングキッチンのロッキングチェアの上で過ごしていた。その上で本を読み、原稿を書き、食事をしていた。

食べることには熱心で、早くに妻と死別してからは、離れて住む長女からの差し入れもあったが、自分でもよく料理していた。台所には調理した料理を保存する冷凍庫二台、冷蔵庫三台、電子レンジ二台を持っていて、効率のよい調理を工夫していた。とくに発酵食品に関心をもっていたが、ヨーグルトは市場に出まわる以前から、自分で保温器をつかって作って毎日かかさなかった。ただ、納豆や発酵臭のある漬物は嫌いで、口にしなかった。

だいたい、中尾は栄養学を小馬鹿にしていた。しかし、晩年、食の不摂生によって糖尿病にかかって透析に通うようになってから、やっとすこし反省して栄養のバランスを考えるようになったようだ。欲をいえば、「タネから胃袋まで」をトータルに考えていた中尾が、もし、胃袋から先、栄養や養生にまで、農耕文化基本複合の枠をひろげて考えていたら、もうちょっと長生きして、さらにスケールの大きい学説を展開していたかもしれない。

（大阪府立大学名誉教授）

読みなおす日本史

石の考古学
奥田　尚著　（続　刊）

江戸武士の日常生活　素顔・行動・精神
柴田　純著　（続　刊）

秀吉の接待　毛利輝元上洛日記を読み解く
二木謙一著　（続　刊）

吉川弘文館
（価格は税別）

読みなおす
日本史

境界争いと戦国諜報戦　盛本昌広著　二二〇〇円
邪馬台国をとらえなおす　大塚初重著　二二〇〇円
百人一首の歴史学　関　幸彦著　二二〇〇円
江戸城　将軍家の生活　村井益男著　二二〇〇円
沖縄からアジアが見える　比嘉政夫著　二二〇〇円
海の武士団　水軍と海賊のあいだ　黒嶋　敏著　二二〇〇円
呪いの都　平安京　呪詛・呪術・陰陽師　繁田信一著　二二〇〇円
平家物語を読む　古典文学の世界　永積安明著　二二〇〇円
坂本龍馬とその時代　佐々木　克著　二二〇〇円
不動明王　渡辺照宏著　二二〇〇円
女人政治の中世　北条政子と日野富子　田端泰子著　二二〇〇円

大村純忠　外山幹夫著　二二〇〇円
佐久間象山　源　了圓著　二二〇〇円
源頼朝と鎌倉幕府　上杉和彦著　二二〇〇円
近畿の古墳と古代史　白石太一郎著　二四〇〇円
東国の古墳と古代史　白石太一郎著　二四〇〇円
昭和の代議士　楠　精一郎著　二二〇〇円
春日局　知られざる実像　小和田哲男著　二二〇〇円
伊勢神宮　東アジアのアマテラス　千田　稔著　二二〇〇円
中世の裁判を読み解く　網野善彦・笠松宏至著　二五〇〇円
アイヌ民族と日本人　東アジアのなかの蝦夷地　菊池勇夫著　二四〇〇円
空海と密教　「情報」と「癒し」の扉をひらく　頼富本宏著　（続　刊）

吉川弘文館
（価格は税別）

読みなおす日本史

鎌倉幕府の転換点 『吾妻鏡』を読みなおす
永井 晋著 二二〇〇円

奈良の寺々 古建築の見かた
太田博太郎著 二二〇〇円

日本の神話を考える
上田正昭著 二二〇〇円

信長と家康の軍事同盟 利害と戦略の二十一年
谷口克広著 二二〇〇円

軍需物資から見た戦国合戦
盛本昌広著 二二〇〇円

武蔵の武士団 その成立と故地を探る
安田元久著 二二〇〇円

天皇家と源氏 臣籍降下の皇族たち
奥富敬之著 二二〇〇円

卑弥呼の時代
吉田 晶著 二二〇〇円

皇紀・万博・オリンピック 皇室ブランドと経済発展
古川隆久著 二二〇〇円

日本の宗教 日本史・倫理社会の理解に
村上重良著 二二〇〇円

戦国仏教 中世社会と日蓮宗
湯浅治久著 二二〇〇円

伊達政宗の素顔 筆まめ戦国大名の生涯
佐藤憲一著 二二〇〇円

武士の原像 都大路の暗殺者たち
関 幸彦著 二二〇〇円

海からみた日本の古代
門田誠一著 二二〇〇円

鳴動する中世 怪音と地鳴りの日本史
笹本正治著 二二〇〇円

本能寺の変の首謀者はだれか 信長と光秀、そして斎藤利三
桐野作人著 二二〇〇円

餅と日本人 「餅正月」と「餅なし正月」の民俗文化論
安室 知著 二四〇〇円

古代日本語発掘
築島 裕著 二二〇〇円

夢語り・夢解きの中世
酒井紀美著 二二〇〇円

食の文化史
大塚 滋著 二二〇〇円

後醍醐天皇と建武政権
伊藤喜良著 二二〇〇円

南北朝の宮廷誌 二条良基の仮名日記
小川剛生著 二二〇〇円

刊行のことば

現代社会では、膨大な数の新刊図書が日々書店に並んでいます。昨今の電子書籍を含めますと、一人の読者が書名すら目にすることができないほどとなっています。ましてや、数年以前に刊行された本は書店の店頭に並ぶことも少なく、良書でありながらめぐり会うことのできない例は、日常的なことになっています。

人文書、とりわけ小社が専門とする歴史書におきましても、広く学界共通の財産として参照されるべきものとなっているにもかかわらず、その多くが現在では市場に出回らず入手、講読に時間と手間がかかるようになってしまっています。歴史の面白さを伝える図書を、読者の手元に届けることができないことは、歴史書出版の一翼を担う小社としても遺憾とするところです。

そこで、良書の発掘を通して、読者と図書をめぐる豊かな関係に寄与すべく、シリーズ「読みなおす日本史」を刊行いたします。本シリーズは、既刊の日本史関係書のなかから、研究の進展に今も寄与し続けているとともに、現在も広く読者に訴える力を有している良書を精選し順次定期的に刊行するものです。これらの知の文化遺産が、ゆるぎない視点からことの本質を説き続ける、確かな水先案内として迎えられることを切に願ってやみません。

二〇一二年四月

吉川弘文館

著者略歴

一九一六年　愛知県に生まれる
一九四一年　京都帝国大学農学部卒業
大阪府立大学教授、鹿児島大学教授を歴任
一九九三年　没

〔主要著書〕

『秘境ブータン』（毎日新聞社、一九五九年、のち岩波現代文庫、二〇一一年）、『栽培植物と農耕の起源』（岩波新書、一九六六年）、『中尾佐助著作集』全六巻（北海道大学図書刊行会、二〇〇四―二〇〇六年）

読みなおす日本史

料理の起源

二〇一二年（平成二十四）十一月一日　第一刷発行
二〇二三年（令和　五　）四月一日　第三刷発行

著者　中《なか》尾《お》佐《さ》助《すけ》

発行者　吉川道郎

発行所　株式会社　吉川弘文館
郵便番号一一三―〇〇三三
東京都文京区本郷七丁目二番八号
電話〇三―三八一三―九一五一〈代表〉
振替口座〇〇一〇〇―五―二四四
http://www.yoshikawa-k.co.jp/

組版＝株式会社キャップス
印刷＝藤原印刷株式会社
製本＝ナショナル製本協同組合
装幀＝清水良洋・渡邉雄哉

ISBN978-4-642-06387-6

本書の原本は、一九七二年に日本放送出版協会より刊行されました。

注

（1） 瀬川清子（1956），食生活の歴史，講談社。
（2） 加納巌，談話。
（3） 渡辺実（1964），日本食生活史，吉川弘文館。
（4） 足立勇（1950），改訂日本食物誌，大谷書店　大和本草，江戸時代。
（5） 佐々木高明（1971），稲作以前，NHK ブックス。
（6） 渡辺実（1964），日本食生活史，吉川弘文館。
（7） 渡辺忠世（1970），モチ稲栽培圏の成立，季刊人類学 Vol.1, no.1
（8） Anas Ma Ruf, 談話。
（9） 中尾佐助（1966），栽培植物と農耕の起源，岩波新書。
（10） 松岡通夫，談話。
（11） 横田健一（1972），Energy 31
（12） 中西一介，談話。
（13） ウイルヘルム・ワグナー，高山洋吉訳（1942），中国農書，生活社。
（14） 中西一介，談話。
（15） 足立勇（1950），日本食物誌下巻，吉川弘文館。
（16） （15）に同じ。
（17） Yogesh Kumar Arora, 談話。
（18） Palitha Randeniya, 談話。
（19） Thein Htut, 談話。
（20） Banthun Junhasavasdikul, 談話。
（21） 松岡通夫，談話。
（22） Anas Ma Ruf, 談話。
（23） Thein Htut, 談話。
（24） 岩田慶治（1966），日本文化のふるさと，角川新書。
（25） 瀬川清子（1956），食生活の歴史，講談社。
（26） 宮本常一（1946），日本における食事情の変遷，東亜に於ける衣と食，東方学術協会。
（27） Palitha Randeniya, 談話。
（28） 廖宗謙，談話。
（29） Thein Htut, 談話。
（30） 西岡京治，談話。
（31） 岩田慶治（1966），日本文化のふるさと，角川新書。
（32） 松岡通夫，談話。

(33) パーボイル加工は英語である。インドではこの加工品を次のように呼んでいる。
Hindi ; Sela chaval, ushna chaval. Mar. ; Ukada tandul. Tel. ; Uppudu biyyamu. Tam. & Mal. ; Puzhungal arisi. Kan. ; Kusubalu akki
The Wealth of India (1966)
(34) 中尾佐助 (1966), 栽培植物と農耕の起源, 岩波新書。
(35) Hindi ; Chura. Beng. ; Cheera. Guj. ; Poua. Tel. ; Atukulu. Tam. & Mal. ; Aval
The Wealth of India (1966)
(36) 渡辺実 (1964), 日本食生活史, 吉川弘文館。
(37) 瀬川清子 (1956), 食生活の歴史, 講談社。
(38) Banthun Junhasavasdikul, 談話。
(39) parched paddy (英語), 籾炒り；インド名は次の通り。
Hindi ; Kheel. Beng. ; Khai. Guj. ; Churmura. Tel. ; Vadlape lalu. Tum. & Mal. ; Nelpori
The Wealth of India (1966)
(40) パーチト・ライス (英語), 炒り米；インド名は次の通りである。
Hindi ; Murmura. Beng. ; Muree. Guj. ; Mumra. Tel. ; Murmula. Tam. ; Arisipori, mottupori
The Wealth of India (1966)
(41) Anas Ma Ruf, 談話。
(42) インドにおけるイネの呼称は次のようなものがある。
Sans. ; Dhanya, vrihi, nivara, syali. Hindi ; Dhan, chaval. Beng. ; Chal. Mar. ; Tandula, dhan, bhat. Guj. ; Dangar, choka. Tel. ; Vadlu, varidhanyamu, biyyamu. Tam. ; Nellu, arisi. Kan. ; Nellu, bhatta, akki. Mal. ; Nellu, ari
The Wealth of India (1966)
(43) Om Prakash, (1961) ; Food and drinks in ancient India, New Delhi
(44) Sastika rice
(45) Odana, Udaudana
(46) Prthuka, Civda
(47) Caru
(48) Apupa, Prthuka, Krasara, Purodāsa
(49) Yāgu
(50) 以下の言語学的考察は次による。
加藤一郎, 松本信広, 馬淵東一 (1957), 稲と言語, 盛永俊太郎編,

第二稲の日本史，農林協会。

(51) イネのn-音呼称の分布は次の通りである。

インド	インドシナ	南洋諸島	中国江南	日本と朝鮮
nivara	nep, lau-nep	numai	nwän	ni, na-rak
		bini		
nellu	lua-nui	bene, wene	ni, ne	
neli	uiu	bani, banih	nun, nua	nni, ini
nilomot	khas-nieu	wanat	nuo	ni ini
	saru-damnop	pinge, pinze, pine	inuan	nei, ini
	niop	ane, anel	zinuan	
	nian	onep		
	ba-man	ino		
	kao-myo	kineya		

稲と言語，(50) に同じ。

(52) タミール語系の稲の呼称。
Arabic ; al-ruzz. aruzz, uruzz, wiz
European ; rice, riso, riz
Greek ; oriza
ちなみにペルシア語はブリヒー系である。
Old Persian ; virinzi, virinza
Modern Persian ; birinz
アラブ，ヨーロッパの稲の呼称はこのペルシア語から由来したとの説もある。
Watt G. (1908) ; The Commercial Products of India, London

(53) dough

(54) starter, sour

(55) ウイルヘルム・ワグナー，高山洋吉訳 (1942)，中国農書下巻，生活社。

(56) chapati

(57) atta

(58) Watt G. (1908) ; The Commercial Products of India, London

(59) roti

(60) paratha

(61) puri

(62) nan

(63) Tannour（別名，Khulz markout, saj, talani)，Wheat in Human Nutrition, FAO Nutritional Studies, No.23, 1970, Rome, 山上雅子訳（1971）；人間の栄養のなかの小麦，国際食糧農業協会，東京。

(64) Balady

エジプト；eash Baladi Sherif M. H. Rashed, 談話。

レバノン；khubz arabi

ヨルダン；Kamag

Wheat in Human Nutrition, FAO Nutritional Studies, No.23, 1970, Rome, 山下雅子訳（1971）；人間の栄養のなかの小麦，国際食糧農業協会，東京。

(65) eash shamii, Sherif M. H. Rashed, 談話。

(66) Max Währen（1953）；Brot seit Jahrtausenden, 佐藤勝一，唯野啓子訳（1969)，パンの歴史，岩手県パン工業組合，盛岡。

(67) bulgar, エジプトでは belila と呼ぶ。Sherif M. H. Rashed, 談話。

(68) Wheat in Human Nutrition, FAO Nutritional Studies, No.23, 1970, Rome, 山上雅子訳（1971)，人間の栄養のなかの小麦，国際食糧農業協会，東京。

(69) arisah

(70) Sherif M. H. Rashed, 談話。

(71) falafel

(72) kushuk

(73) *Triticum dicoccum*

(74) FAO の報告書はバルガー類似加工がペルーでも行なわれることが記してあるが，ペルーの場合木灰の混ぜた水で煮る点は，トーモロコシの加工法と共通するので，おそらく，トーモロコシの加工法を小麦の伝播とともに小麦に応用したものであろう。

(75) fereek

(76) Wheat Human Nutrition, FAO Nutritional Studies No.23, 1970, Rome, 山上雅子訳（1971)，人間の栄養のなかの小麦，国際食糧農業協会，東京。

(77) Prentice E. Parmalee ; Hunger and History — The inflnence of hnnger on human history 新井格，山内房吉訳（1942)，人類生活史，東洋経済新報社。

(78) frumenty

(79) Wheat in Human Nutrition, FAO Nutritional Studies No.23, 1970,

Rome, 山上雅子訳（1971），人間の栄養のなかの小麦，国際食糧農業協会，東京。
(80) 石毛直道（1972），食物と社会。Energy 31
(81) Yava
(82) Yāvaka, Yavāgū
Om Prakash（1961）; Food and drinks in ancient India, New Delhi
(83) A. K. Yegna Narayan Aiyer（1956）; The antiquity of some field and forest flora of India. Bangalore, India
(84) Wheat in Human Nutrition, FAO Nutritional Studies, No.23, 1970, Rome, 山上雅子訳，（1971）人間の栄養のなかの小麦，国際食糧農業協会，東京。
(85) Clark, J. G. D.（1952）; Prehistoric Europe, the economic basis. Methun & Co. London
(86) burn-beating
(87) graddan method
(88) 中西一介，談話。
(89) 青木正児（1946），支那に於ける粉食の歴史，東亜に於ける衣と食，東方学術協会。
(90) 李重雄，談話。
(91) 瀬川清子（1956），食生活の歴史，講談社。
(92) 佐々木高明（1971），稲作以前，NHK ブックス。
(93) 廖宗謙，談話。
(94) sattu
(95) Wealth of India（1966）
(96) saktu
(97) Om Prakash（1961）; Food and drinks in ancient India, New Delhi
(98) Aukula
(99) Abhyusa
(100) Dhānāh, Hindi ; Bauri
(101) Karambha, Hindi ; Dahi-sattu
(102) Mantha
(103) Vātya, Hindi ; Daliyā
(104) tsampa, tsamba, zamba
(105) yuh 東北ネパールのチベット人よりの聞込み。
(106) 柳本杏美（1971），シェルパ族の食事，季刊人類学，Vol.2, no.4

(107) 柳本杏美（1970），シェルパ族の食生活を探る。季刊人類学，Vol.1, no.2
(108) Wheat in Human Nutrition, FAO Nutritional Studies, No.23, 1970, Rome, 山上雅子訳（1971），人間の栄養のなかの小麦，国際食糧農業協会，東京。
(109) The Journal of Frederick Horneman's Travel from Cairo to Mourzouk, The Capital of Kingdom of Fezzan in Africa in the years, 1897 — 8. G. and W. Nicol, 1902
(110) simitee
(111) C. Curwen（1946）; Plough and pasture, Cobbett Press, London
(112) 篠田統（1951），五穀の起源，自然と文化 2。
(113) 中尾佐助（1969），ニジェールからナイルへ，講談社。
(114) Murdock, G. P.（1959）; Africa, Its people and their culture history, McGrow Hill N. Y.
(115) 藤井宏志（1972），Energy 31
(116) 赤坂賢（1972），Energy 31
(117) fufu または foutoa
(118) 福井勝義（1972），Energy 31
(119) 長島弘信（1972），Energy 31
(120) 松本真理子，福本昭子（1960），裸足の王国，カッパ・ブックス，光文社。
(121) 石毛直道，他（1972），伝統的食事文化の世界的分布，Energy 31
(122) corn meal
(123) hominy, Wilson, H. K.（1955）; Grain Crops, MaGrow Hill N. Y.
(124) 佐々木高明（1968），インド高原の未開人，古今書院。
〃 （1971），稲作以前，NHK ブックス。
(125) Om Prakash（1961）; Food and drinks in ancient India, New Delhi
(126) kulmāsa, Hindi ; Ghughrī
(127) 中西一介，談話。
(128) 篠田統（1972），Energy 31
(129) 青木正児（1946），支那に於ける粉食の歴史，東亜に於ける衣と食，東方学術協会。
(130) 篠田統（1970），米の文化史，社会思想社。
(131) 佐々木高明（1971），稲作以前，NHK ブックス。
(132) Sherif M. H. Rashed, 談話。
(133) 篠田統（1966），すしの本，柴田書店。

(134) 岡崎一氏（1927），蒟蒻の栽培より其加工迄，資文堂。
日本こんにゃく協会（1968），こんにゃく史料，日本こんにゃく協会。

(135) acultration

(136) 쌀　Ssal

(137) 秈　Siän

(138) 村田懋麿（1932），土名対照満朝植物字彙，目白書店。
トトック 떡 ttok，ヒョン 편 phyon，本書には次のようなものが引用されている。

메（人）떡　Moi-(si)-ttok　硬米の餅
찰　떡　Tchal-ttok　糯米の餅
개피떡　Kai-phi-ttok　粳米，半月形の餅
골무떡　Kol-mu-ttok　米粉を蒸し，細長く切った餅
흰　떡　Hin-ttok（〃）
절구떡　Chol-ku-ttok　臼でついた餅
색　떡　Saik-ttok　五色に染め花型の餅

なお，ヒョンに属するものに次のようなものがある。

인절편　Yin-chol-phyon　仁切餅
절　편　Chol-phyon　切餅，米粉を蒸したる餅を小型に作り，花紋をおしたもの。
색절편　Saik-chol-phyon　色餅
송　편　San-pyong　餅の一種
증　편　Chung-phyon　蒸餅，米の粉に酒を混じ蒸したるもの。

(139) 中尾佐助（1966），栽培植物と農耕の起源，岩波新書。

(140) fuul, Sherif M. H. Rashed, 談話。

(141) Om Prakash（1961）; Food and drinks in ancient India, New Delhi

(142) Watt G.（1908）; The Commercial Products of India, London

(143) falafel, Sherif M. H. Rashed, 談話。

(144) Tempe（ナットウ），Tauge（モヤシ），Tahu（豆腐）。

(145) to-fu, Thein Htut, 談話。

(146) Burkill, I. H.（1935）; A Dictionary of the Economic Products of the Malay Peninsula, London

(147) ktinoma

(148) 篠田統，談話。

(149) Pe-pin-pauk, Thein Htut, 談話。

(150) 篠田統（1968），豆腐考，風俗第8巻1号。

(151) Prentice, E. Parmalee ; Hunger and History — The influence of

humger on human hisfory 新井格，山内房吉訳（1942），人類生活史，東洋経済新報社。

(152) Rock, J. F. (1947) ; The Ancient Na-Khi Kingdom of South-west China, Harvard Univ. Press, 松原正毅（1970），焼畑農耕民のウキとなれずし，季刊人類学，Vol.1, no.3

(153) 篠田統（1966），すしの本，柴田書店。

(154) 松原正毅（1970），焼畑農耕民のウキとなれずし，季刊人類学，Vol.1, no.3

(155) budu, peda

(156) jakut

(157) nuoc mam（ベトナム），phahoc（カンボジア）。

(158) 本書のスシの項は主に次の二書によっている。
篠田　統（1966），すしの本，柴田書店。
松原正毅（1970），焼畑農耕民のウキとなれずし，季刊人類学，Vol.1, no.3

(159) Prentice, E. Parmalee ; Hunger and History — The influence of hunger on human history, 新井格，山内房吉訳（1942），人類生活史，東洋経済新報社。

(160) McCracken, D. Robert (1971) ; Lactase Dificiency ; An Example of Dietary Evolution, Current Anthropology vol.12, no.4 — 5

(161) culture genetics

(162) Kon, S. K. (1959) ; Milk and milk products in human nutrition, FAO Nutritional Studies, No.17

(163) 梅棹忠夫（1952），モンゴルの飲みものについて，自然と文化別冊，遊牧民族の社会と文化，自然史学会。
梅棹忠夫（1955），モンゴルの乳製品とその製造法，内陸アジアの研究，ユーラジア学会。

(164) HRAF : Human Relations Area Files

(165) sour milk

(166) long milk, Sweden : langmjölk, lättemjölk Norway : taette Finland : pitkäpiimä

(167) celler milk, Norway : kjaeldermelk

(168) Schltze (1907), HRAF

(169) 石毛直道（1969），食生活を探検する，文芸春秋社。

(170) Evans-Pritchard (1940), HRAF

(171) Watt G. (1908) ; The Commercial Products of India, London

(172) dahi
(173) ghee
(174) kheer
(175) khoa, khoya
(176) rabri
(177) Rivers (1906) ; HRAF
(178) lassi
(179) 湿ったもの；chura，風乾のもの；churps，燻製のもの；churkom
(180) 柳本杏美，噛じるヨーグルト。
(181) 中谷和男，木村征男，内田義雄（1972），アラブの世界，NHK 海外取材班，日本放送出版協会。
(182) samna
(183) Nicolaisen (1963), HRAF Lhote (1944) ; HRAF
(184) 加藤九祚（1970），西域，シベリア，新時代社。
(185) Dobell (1830), HRAF
(186) Layton ; Cheese and cheese cookery, The Wine and Food Society
(187) channa, chhena
(188) インドの植物性レンネットは次のようなものがある。
Withania coagulans, Crotalaria burhia, Leucas cephrlotes, Rhazya stricta, Streblus asper, Carthamus tinctorius —— Watt G. ; The Commercial Products of India
(189) Rasgullas, Rosgoola
(190) Hermanns (1948), HRAF
(191) sri ma (sprispris, sris ma)
(192) thud
(193) Om Prakash (1961) ; Food and drinks in ancient India, New Delhi
同書中にはベーダ時代から AD1200 年にわたる文献中には次のごとき乳製品を見出している。
1. Amiksā. Solid part of mixture of curds and boiled milk.
2. Bhūtakuraka. A mixture of curds, groats, parched rice and seame.
3. Dadhanvat Probably a kind of cheese with two varieties one with proes and another without pores.
4. Dadhísara. Cream of curds.
5. Ghola. (Hindi-Lassī) Curds mixed with clarified butter.
6. Haiyaṁagivīna. Butter churned out of the curds from the

previous day's milk.

7. Kilāta. Liquid part of inspissated milk, but Dalhana uses the word in the sense of solid part.
8. Kṣīraprakāra. A sweet preparation from boiled milk inspissated by the addition of some sour substance. Solid part was mixed with rice flour, formed into various shapes, fried and coated with sugar. (Modern-Rasgullas?)
9. Ksīrayastikā. A preparation of milk mentioned in the Agni Purāna.
10. Kūrcikā. Solid part of inspissated milk.
11. Kūrcikāh vikrtih. Preparation from inspissated milk.
12. Madhuparka. mixture of curds, honey and clarified butter.
13. Majjikā. Curds churned and mixed with sugar and aromatic spices.
14. Mathita. Curds churned with water.
15. Morendaka. (Hindi-Muranḍe) A sweet prepared with insipissated milk in the shape of the eggs of peacock.
16. Navanīta. In the time of Súsruta it meant fresh butter churned out of milk. Later the word was used in the sense of butter in general.
17. Pṛthuka. A mixture curds and globules of butter.
18. Saṁtānikā. (Hindi-Malaī) Cream of milk.
19. Sara. Cream in general.
20. Sattaka. There were many varieties. One variety was prepared by mixing curds with sugar and aromatic spices.
21. Sikharinī. A popular preparation of curds mixed with aromatic spices and sugar.
22. Srtam. Boiled milk as distinguished from fresh milk which is called Pratidhuk.
23. Sthālīpāka. Rice cooked with milk specially for sacrificial purposes.
24. Takra. (Hindi-Maṭṭhā, Buttermilk) It contained three parts of curds with one part of water.
25. Udásvita. A solution of curds with equall quantity of water.
26. Vājina. Liquid part of a mixture of curds and boilled milk.
27. Viṣṭārin. Warm fresh milk with curds.

(194) 渡辺実（1964），日本食生活史，吉川弘文館。
(195) 篠田統（1968），豆腐考，風俗第８巻第１号。
(196) 菊池秋雄（1948），果樹園芸学上巻，果樹種類各論，養賢堂。
(197) 菊池秋雄（1944），北支果樹園芸，養賢堂。
(198) Malus asiatica
(199) 菊池秋雄氏の前記二書（196，197）。
(200) Prunus tomentosa
(201) Prunus pauciflora
(202) 日本では早春開花のため花粉媒助昆虫が不足し，かつ異品種の混植がないため不稔となっていると判断される。
(203) Pistacia vera
(204) 村田懋麿（1932），土名対照満朝植物字彙，目白書店。
(205) Syang-su-li-ttok 橡実糕　満洲では，苦杼豆腐 Ku-chu-tou-fu という。
(206) Quercus semicaripifolia
(207) Prunus sibirica
(208) Canarium album
(209) Atriplex sp.
(210) Salsola sp.
(211) Suaeda sp.
(212) Hooker, J. D. (1854) ; Himalayan Journals
(213) Prentice, E. P. ; Hunger and History — The influence of hunger on human history 新井格，山内房吉訳（1942），人類生活史，東洋経済新報社。
(214) 吉田光邦（1957），沙漠と高原の国，三一書房。
(215) Brassica spp.
(216) Brassica alboglabra
(217) Brassica narinosa.
(218) Malva verticillata
(219) Gynura bicolor
(220) Artemisia lactiflora
(221) Stachys sieboldii
(222) Ipomoea aquatica
(223) blanching